ROBUST

柔韌設計

DESIGN

陳蕙芬　著

跨越制約的教育創新法則

書系策劃 蕭瑞麟

五南學術原創

學術原創書系序
學術原創——華人學術的復興

楊榮川
五南圖書發行人

　　五南出版公司推動學術專書系列是一個時代性的使命，也是階段性的目標。過去，教科書的目標是為了更有效率地彙整與傳播知識。現在，學術專書的目的則是為了創造新知識，而且是原創性的理論。當代的學術發展面臨到瓶頸，學術研究似乎大量以「代工」為主，而驗證「因果關聯」卻成為主流。這樣的研究取向很難產生原創性的知識。以管理學來看，西方不斷有原創性的知識產生，像是Jay Barney的資源論、David Teece的動態能耐論、Ronald Burt的結構洞理論、Michael Porter的競爭優勢論等。可是，放眼華人學術圈，卻很難找到深具原創性的理論。雖然這不是一蹴可幾的，但是總要有一個起點。這項專書系列希望就是這個起點，而未來能夠吸引更多學者投入，逐漸發展出一系列原創性的學術作品。

　　陳蕙芬老師這次所推出的《柔韌設計》是繼《不用數字的研究》與《服務隨創》之後，另一本原創性的學術專書。這本書是創新、管理與教育三方的跨領域成果。面對積重難返的教育改革，各界似乎已然束手無策；而在這條幽暗的道路上，這本書帶給我們希望。陳老師以多年來的研究點出，回應機構制約的方式

並非消極的臣服，也不是螳臂擋車的對抗。創新者要以智取勝、要借力使力、要柔韌回應，才能四兩撥千斤，在紛亂的問題中找到出路。這本書不僅在創新理論上脫穎而出，在教育理論上獨樹一幟，更在實務上發人深省。

　　期待這只是開始，期望未來有更多學者能夠投入這類原創性專書的耕耘。我們期盼，新一代的學者不再是關在象牙塔的學匠，而能將手上豐富的田野資料、精彩的企業個案、深刻的理論分析，變成一本又一本的原創著作，讓更多新觀念與新思維持續浮現。然後，這些新思維、新做法也許會在不久的未來，悄悄地改變企業的經營方式，改善社會的沉痾問題，甚至於健全國家的制度政策。我們期待，學術原創的年代逐漸向我們走來。

推薦序一
在英雄之旅中柔韌設計的教育創新者

吳靜吉

國立政治大學創造力講座／名譽教授

國立中山大學榮譽講座教授

　　學生從小就被鼓勵追逐成功，而且需要努力、不怕失敗。師長通常都會引用愛迪生(1847-1931)的下列三句名言：

　　「追求成功最有效的方法就是永遠再多試一下。」

　　「天才是1%的靈感加上99%的汗水。」

　　「我沒有失敗，只不過發現一萬種不可行的方式。」

　　這些名言的背後其實都累積了愛迪生個人和他的發明實驗室，以追逐成功為目標的靈感激發、創意發想、創新實踐和創業成功，都需要不斷嘗試堅持、不怕失敗，和實驗各種方法的努力。就以他發明電燈，從觀念發想到執行成功，以及影響人類生活、生產和文明為例，他一直需要面對環境的挑戰，破除和跨越「制度」(institution)的阻力。其實所有創新、改革和進步都會面臨制度的阻力，在教育創新方面特別如此。

　　所謂制度包括正式和非正式，以及介於兩者之間的制度。三十多年來，不少組織行為學者，都在詮釋哪些外在環境的制度

影響了組織和組織內的個人之創意、創新和創業的過程及其結果。

　　制度的阻力可以分為三類，以教育創新為例，在「法律規則」(regulations)方面，中央和地方政府以及學校是否鼓勵、支持、協助，甚至贊助創新的計畫，失敗後會不會提供修改補正的機會。在「約定俗成的社會規範」(norm)方面，教育工作人員，包括校長、行政人員和教師的創意創新觀念，是否被認為在教育事業中重要的機制；家長、各級政府、校長、行政人員、教師、同事和整個社會，是否肯定創意發想和創新實踐。在「文化認知」(cognition)方面，個人包括各行各業的工作人員，都知道如何合法保護創新計畫，也知道如何有效管理風險，相信自己有能力取得必要的資訊，而且知道如何找到對的人溝通自己的觀念。

　　2001年，現任加州大學戴維斯分校Andrew B. Hargadon和佛羅里達大學Yellowlees Douglas兩位教授共同發表一篇廣被引用的論文*"When Innovations Meet Institutions: Edison and the Design of the Electric Light"*（〈當創新遇上制度：愛迪生及其電燈的設計〉）之後，學術界終於比較清楚地理解愛迪生的努力不只是創造發明和面對實驗的失敗，而且必須面對制度的打壓，並且有效地過關斬將。愛迪生設計的照明系統不僅照明了Hargadon管理的學術發展，也同時照明了陳蕙芬教授研究臺灣的教育創新。

　　在Hargadon和Douglas的論文裡，他們鉅細靡遺地追溯愛迪生設計電燈過程中遇見層層制度的阻力，以及如何隨機應變的策略。

　　陳蕙芬教授認為愛迪生：「是一位懂得以剛柔並濟的方式來推動創新的謀略家。」陳蕙芬於臺大植病系轉中文系，在政大唸新聞系碩士班，主攻公關，並且取得科管博士。她發明了一些語言來形容，任何人從事創新，都需要接受的挑戰：「軟磨硬抗，指以和緩的策略慢慢磨耗，以堅定的立場來反抗，但絕不考慮向對手服從。這個『對手』即是制度，從下定決心要推動創新的那刻起，服從對手的選項就不復存在。創新者的首要工作，是趕緊了解『制度力』的強度。」

　　擁有中文系背景的陳蕙芬教授運用六個成語歸納愛迪生面對制度的阻力時，如何採取柔韌的策略，因而成功地完成障礙賽跑，這六個柔韌設計分別是：①登高一呼；②笑裡藏刀；③無中生有；④偷天換日；⑤安其所習；⑥魚水相幫。

　　這本書「描述」、「分析」、「詮釋」五個臺灣教育創新個案。當這五個教育家「創新遇上制度」時，如何「柔韌設計」，終於成就了他們作為教育創新的典範。這五位教育創新者分別是：

國立臺南大學附設實驗國民小學教師溫美玉
均一教育平台創辦人方新舟
雲林縣古坑鄉華南國小校長陳清圳
花蓮高工美術教師黃兆伸
東華大學教授兼五味屋推手顧瑜君老師

這五位教育創新者所面對的政府制定的法規系統

(regulations)、社會的規範(norm)、文化的認知(cognition)等三大制度阻力，我們大概都心有所感。但每一個人面對的具體阻力卻不完全相同，這些異同都值得教育工作者，尤其是家長和未來的教師理解體認。然而這五位教育家所運用的柔韌設計則又各有特色，這些策略也可以提供各行各業和大眾舉一反三。

陳蕙芬教授在形容這些策略時所運用的語言和形容愛迪生的謀略有所不同，愛迪生比較偏重商業，而這五位教師則比較偏重人文。

對我來說，這五位教育創新者從自己的求學到教育別人，不斷成長的歷程中適時呼應生命的召喚，踏上神話學家Joseph Campbell的英雄之旅，他們都是Campbell稱呼的英雄——Campbell認為英雄是那些把生命奉獻給比自己還要大的事物的人(A hero is someone who has given his or her life to something bigger than oneself)。他們懂得正向思考、利己利他、開放經驗、多元學習、彈性思考、典範轉移、創意連結、跨域合作、知識交換、連結網絡、溝通說服，他們更厲害的是沉得住氣，善用機會教育。

他們也都是教育部108課綱所倡導的自主學習者和終身學習者，讀完了這本著作，我不禁期待自己拜他們為師。

推薦序二
教育創新源自同理包容

吳思華

國立政治大學講座教授、前教育部長

　　教育是人類最重要的跨世代工程，透過教育，人類的歷史文化與長期累積的經驗知識才得以傳承演化、社會階級得以流動，新世代才能開創更美好的未來生活。因此，辦好基礎國民教育已成為全球的普世價值，聯合國的永續發展指標更將其列為其中重要的一項，是各國政府的施政重點。

　　教育的重要性為世人肯認，在數位科技快速發展、社會價值體系與運作邏輯重新建構的新時代，持續創新教學內容、教學方法與教學工具原是一件天經地義的事，但是基層教育夥伴常常覺得，制度環境與學童家長對於教育創新的作為都不太友善。

　　細究教育創新的困境，關鍵在於各個族群雖然都認同教育的重要性，但決策判斷的基礎邏輯並不相同。承擔整體教育政策責任的行政單位，面對全國家長，必須依法施政、提供均一優質的教學給所有受教者，才符合民主施政的要求，公平性是首要考量。許多可能會帶來局部優勢的創新，雖有明顯成效，卻往往受限於既有法規，反而有較多的顧慮而無法突破。

　　學童家長對於孩子的教育同樣關心，但受限於自身的成長歷

程與人生經驗，對於教育事務的判斷標準往往是「過去式」邏輯，常希望孩子遵循自己的軌跡學習，卻忽略了世界正在快速改變。對於許多剛剛浮現的創新教案教法不一定能夠立刻接受，常會以主觀的意見加以批評或阻擋。

　　因此，教育領域常出現一個特別的情況，大家都承認教育很重要，對目前的教育改革都有很多期待，但是如何發展與改變卻不易達成共識。由於吃力不討好，各項教育變革與教育創新在實務中都很難開展。如何幫助那群在國教第一線的教育工作者，突破創新的困境、願意持續創新，是教育現場的重要挑戰。

　　本書作者陳蕙芬教授提出「柔韌設計」的概念，對於教育創新的夥伴們可以有很好的啟發。作者認為創新者要運用以柔克剛的設計，面對鋼鐵般冷酷的制度，巧妙地跳脫臣服與衝撞兩個極端。同時，以溫柔而堅定的態度落實創新設計，一點一滴、積少成多，最終能化解制度的牽制，將創新順利地帶入組織、社會與國家。她在書中透過實務案例的解析，具體說明「柔韌設計」的原則與做法，不僅在理念上有很多突破，也給有意於創新的現場教育夥伴們最清晰的指導，值得大家仔細閱讀與學習。

　　社會學大師馬克思・韋伯認為資本主義社會中的現代官僚組織，可以達到最大的工作效率並朝向理性發展，但理性化最終會將人帶入冰冷冷的「鐵籠」。這個描述真實貼切、普遍存在，並非針對教育領域。從事教育創新時，如何理解「制度」的本質，接受它的理性、善用它的效率，反而是創新的成功關鍵。

　　「柔韌設計」幫助吾人從更寬廣的視角，同理創新過程中所

有利益關係人的考量，尋找適當的設計模式、突破創新困局，充滿正向的能量。其實，當我們願意用溫暖的心接納對教育同樣充滿責任感的制度和家長時，所有的創新都將有機會產生數十百倍的動能，讓更多學子受益，這可能才是「柔韌設計」最重要的價值所在。

推薦序三
柔韌的力學原理

蕭瑞麟

國立政治大學科技管理與智慧財產研究所專任教授
新加坡國立大學商學院客座教授

　　創新往往不如想像中浪漫。群策群力，了解顧客需求，構思出新產品，開發出來以後便成為爆款。這是多數人對創新的浪漫想像。然而，企業在推展創新的過程中，往往忽略機構的角色。機構是一種制度，是行業的規範，是社會中的文化習俗，是民眾長久以來的認知。制度往往看似合理，卻常常沒有道理。雖然制度可以穩定組織的運作，但是也可能阻礙創新的發生。不合時宜的規範、地區性的禁忌習俗、僵化古板的認知，都會讓創新出師未捷身先死。

　　面對機構的制約，如果臣服的話則創新將受到壓抑；如果反抗則又容易被消滅；若陽奉陰違則更易受到反撲。此時，蕙芬老師所提倡的「柔韌設計」便顯得特別重要。「柔」講究的是溫和地回應，圓融地化解制度的壓力；「韌」則是溫柔中帶有堅定，隱含除舊布新的堅持，是面對不合理制度的寧靜革命。雖然創新的方法可以隨機應變，但是變革的初心卻始終不會改變。這便是柔韌的精神。這本書由教育的場域來探索柔韌設計的觀念與做法，特別令人感動。這是蕙芬老師歷經數載的研究成果，也是她

融合教育以及創新管理的代表作。這本書有三個特色，是教育者、經理人以及各領域讀者都絕不能錯過的。

一、設計中還有設計：教育的設計之中隱含的是回應制約的謀略設計。這本書收錄了五個精彩案例，表面上介紹的是在臺南大學附設實驗小學任教的溫美玉、創辦均一教育平台的方新舟、主持華南國小的陳清圳、花蓮高工的黃兆伸以及五味屋的顧瑜君等老師的教學設計。他們由各種教具的設計中去展現教學創意。但更有趣的是，這些教學設計中還隱含著不為人知的柔韌設計。原來，每位老師都在面對自身所處的機構中，找出了回應制約的方式。教學中帶入創意的設計已經不容易，在重重的制約下卻能夠想出突圍之法，在教學設計中嵌入策略思維，以柔韌的方式轉化制度上的阻力，成為教學的助力。這樣層層的剖析，如偵探小說般離奇，令人閱讀起來津津有味。

二、暖暖內含光的柔韌策略：回應不合理制度最好的方式，便是優雅地面對制約。在這五個案例中，詳細分析每個老師所構思出來的創意作為。例如：溫老師建立「備課Party」，以「有備五喚」的設計來回應國小老師在教學備課上的制約。方創辦人創立均一來補強數學教育，發展出「藉利使力」的設計，化解分數至上的誤導價值觀。陳老師在偏鄉的教學，以醫療融入在地深耕，創出「醫呼百諾」的設計，改善學生在家庭以及社區的逆境。技職學校中，黃老師面對美學教育被排擠的困境，發展出「借光投影」的策略。在考試當道的教育體制下，黃老師使美術課融入主流的學程，避免美學教育被邊緣化，也讓美學教育留下

了希望的種子。顧老師為了翻轉鄉村教育，以做中學的理念經營五味屋，運用有限的資源去實踐「二手雜會」（二手的貨品，辦雜貨店，讓同學由生活中學習）。這些精彩的策略在蕙芬老師生動的文筆下柔韌呈現。這不僅讓我們學習到創意的教學模式，更令人體會到寧靜教改的力量。

三、柔韌的力學原理：找到槓桿點，便可化解制度的頑強束縛。蕙芬老師用深入淺出的力學原理來說明深奧的觀念，這使得柔韌設計的理論變得格外親切。原來，面對一個複雜的教育體系、糾結的社會系統，貿然地提出創新方案，一不慎就會引發更多的問題，而陷入惡性循環中。這時候，柔韌設計給我們一項重要的啟發：要了解問題的脈絡，才能找到槓桿解。這也就是以關鍵資源去激發最大的效果。例如：過去水手於航海時經常發生敗血症，儘管運用很複雜的醫療方式，也很難令病患起死回生。然而，一旦理解其中的病理，解決方案卻是很簡單：服用維生素C。柔韌設計就是找到那個支點，讓解決方案產生槓桿效應。這需要透過巧妙的謀略使創新變裝，披著狼皮的羊最後還是可以帶著狼群改邪歸正，也能使羊群終究得以安居樂業。

身處在改革亂象的時代，這本專書帶給我們深刻的創新啟發。對未來有志推動教育改革的讀者，千萬不能錯過。這些案例可以啟發更多的柔韌創新，帶入教育改革中，避免在不合理制度之下，不斷地推動看似合理的創新。企業主管也千萬不要錯過案例中的精彩故事，在組織中亦存在著許多不合理的制度，隱形的制約使得創新胎死腹中。運用柔韌設計的原則，便可克服不合理

的法規，轉變不合宜的消費習慣，化解頑固認知的排斥。

　　這是一本難得的好書，深入的研究配合流暢的文筆，加上理論的深入淺出，令人閱讀起來格外輕鬆。生動的案例更使人一再玩味。我們將理解，面對阻力的時候，創新者切勿急於放棄；被制約束縛的時候，也不要過於躁進。柔韌設計或許可以帶領我們在山窮水盡之處，找到柳暗花明的雲起之時。

自序
制約下的柔韌前行

陳蕙芬

國立臺北教育大學教育系暨教育創新與評鑑碩士班教授

一兩年前一場親友聚會上，一名家有國三學生的親戚跟我表達她身為家長的憂慮，她的女兒唸私立中學，學校已經將教學進度超前一學期，到高一的學習進度，家長們也要超前部署，而她煩惱著如何選購可配合108課綱的參考書與評量。身處高教圈，又是國小師資培育學校的老師，我的周遭被日新月異的「教育創新」包圍，大家關心科技進展帶來的教育創新，討論的核心是如何培養孩子帶得走的能力。但是回到日常生活圈，卻深刻感受到萬變中的「不變」——「萬般皆下品，唯有讀書高」、「望子成龍、望女成鳳」、「士為四民之首」等文化傳統中的元素，深刻地印記在每個成為「家長」的成人，它們從未消失、一直潛伏著，直到人們成為家長，於孩子在學校求學的那段期間被喚醒，繼而成為控制人們的思考與行動的圭臬。

文化傳統並非不好，如同人為制定的各種法律規則、約定俗成的社會規範，它們是歷史的積累、知識與智慧的結晶，提供我們日常生活舉措的規準。舉例而言，節慶承載了文化元素，有許多儀式代代相傳到後代，年節的闔家團聚洗滌一年心理的疲累、

灌注重新出發的活力。法律規則讓人們的互動有所依循，不致踰矩；社會規範日常生活有節，我們無須耗費心力、重新思考每一次的活動與場合，應該怎麼穿、怎麼做、甚至怎麼想，如喜宴代表歡慶、葬禮需要莊重、上班服裝自有潛規則等。簡言之，它們共同定義了什麼是社會上的「正常」，然而，也使得許多「想要不一樣」的現象，成為「不正常」、「異端」甚至「邪說」，進而引來大眾冷眼的側目與無情的打擊。

　　上述現實生活中常見的情形，可以化約為「創新」遇上「制度」的理論議題，一方面「創新」可以存在各種形式與內涵，像是新觀念、新商品與新服務，也可以是教師共備社群、線上學習平台、嶄新理念的鄉村教育等；另一方面「制度」包括法規、規範與文化三個主軸，制度透過對行動者發揮三種影響力，進而打壓對創新的採納。創新，可以創造改變、解決問題與產生價值，是現代人殷切盼望的結果，創新者如何「躲過」制度的打壓，從而能存活進而茁壯？創新者運用哪些「設計」來回應制度的力量？什麼情況下「阻力」（阻止前進）能夠成為「助力」（協助前進）？正是本書想要討論的核心議題。

　　本書架構參照學術作品邏輯，分為八章，另有一章〈研究方法〉列為附錄，力求以科普化文字撰寫。第一章比照學術論文的「緒論」，闡明創新與制度各是什麼，以論證的方式帶出創新與制度可能形成的對峙情形，以及運用愛迪生的電力照明系統案例，說明創新對制度策略性回應的重要性。第二章比照學術論文的「文獻探討」，解析制度力的內涵（法規、規範與文化），進

一步說明創新對上制度的三種策略性回應，以及本書的核心概念「柔韌設計」，它是計中計，指物件設計中的計謀。第三章到第七章則是五個教育創新的個案，比照學術論文的「研究發現」，由國小老師、線上平台、國中小校長、高職老師到鄉村教育，每個案內分別闡述制度阻力、創新設計與策略回應。第八章比照學術論文的「討論與結論」，針對五個案所得出的發現——「柔創新」、「制度阻力」與「計中計」，分別與理論對話，補充柔韌設計的內涵，最後也提出對教育工作者與管理者實務上的啟示。附錄記載了本書選擇五個案的原因，以及資料搜集與分析的方法，提供後續有興趣研究者參考。希望本書能提供一個思考的起點，讓我們能省思到自身思考與行動，是籠罩在許多無形力量的制約之下，想要謀求突破，得先察覺到自己所在的框架。

本書得以完成，首先要感謝我的博士論文指導老師——政大科技管理與智慧財產研究所蕭瑞麟教授。我自2010年取得博士學位至今(2022)已將近十二年，從剛畢業我們嚷嚷著要盡快出書，也不知規劃大綱到第幾版，到後來每次跟老師碰面時，老師必問的話題與進度，蕭老師用輕鬆不帶壓力的口吻、卻時時刻刻鎖定標的的言談內容，易言之，他以非常「柔韌」的手法，促使我在各種困難之中，仍能在初任高教人員的槍林彈雨中（教學、服務與研究的壓力）匍匐前進，而我也多少用了點「借力使力」的技巧，借老師之壓力轉化為自己之動力，督促自己勉力完成。

其次，最感謝的是本書五個個案的主角們，他們在教育現場兢兢業業，用生命轉化出教育創新的花朵，繽紛燦爛、持久芬

芳，讓我得以在旁觀察記錄書寫，文字與圖像不足以描述他們在教育實務上的精彩，以及深刻豐滿的教育愛。他們的現象在研究的角度，能補充創新與制度文獻的能量，勾勒出柔韌設計的具體風貌，我深切期盼能傳播開來，對大多數在現實生活中，對於桎梏在制度力而不見得自知的人們，產生微妙的影響。

最後，我要特別感謝協助本書籌備的兩位助理，張庭瑋（師大教育系碩士，目前在匡衡智庫擔任儲備研究員）與王佳瀅（國北教大教育創新與評鑑碩士，目前就讀政大科智所博士班），他們都具有教育背景、研究專業、通暢的文筆，以及一顆纖細的心，體會借力使力的柔韌之道。我還要感謝五南出版社的張毓芬主編，她用無比的耐心等待與支持本書漫長的籌備。

接觸過健身的朋友們都知道，「阻力訓練」是重要的體能訓練途徑之一，透過自身肌肉對抗外加阻力的方式，來達到鍛鍊肌肉的效果。柔韌設計提醒我們在思路的鍛鍊上，也需要經歷某種「阻力訓練」，而能強健思路。用省思制度力的存在與影響（也可稱之為制約），來學習化阻力為助力的技巧，讓我們的思考更為柔軟與強韌，在我們創新奮進、遇到困難時，更能有一份「行到水窮處，坐看雲起時」的恬適與自在。

CONTENTS
目錄

創新的年代，制度無所不在

「制度力形塑了個人的利益與慾望，框架了其行動的可能性，並且會影響任何導致抵抗或改變的行為[1]。」

——鮑威爾(W. W. Powell)與柯利瓦斯(J. A. Colyvas)教授

一、改革的聖杯

　　創新(innovation)一詞出現得很早，在東方，如中國北魏王朝《魏書》上記載了「革弊『創新』」，主要是指制度方面的改革、變革和改造。在西方，先不談語言學的淵源，則是由奧地利經濟學家熊彼得(Joseph A. Schumpeter)於1912年在《經濟發展理論》一書中首次以「創新理論」(innovation theory)概念揭示於眾人，也成為這一百多年來產業界改革的「聖杯」(holy grail)，企業認為創新是起死回生、長生不老的靈藥[2]。不過，假使創新真的如聖杯一樣，那麼曾經將創新奉為圭臬的眾多企業組織，怎麼會成為先烈而殞落？許多力求轉型的教育、政治、醫療等不同場域出現的困境，又怎會難以突破？創新所處的「制度脈絡」(institutional context)是其中的關鍵[3]。不同場域的領導者雖都企圖以創新為時代的聖杯去協助組織突破困境、創造新價值，然而，在各場域內部固有的制度（法律、規範與文化），雖不是實質的銅牆鐵壁，卻也形同鐵籠般箝制著創新的推動[4]。

　　各個場域經過歲月累積而形成的制度(institution)，會致力於穩固場域的現狀，其影響力很強大，讓創新顯得勢單力薄。若未能先觀察制度脈絡的影響力，在突兀的場域置入創新的幼苗，那麼被守舊力量吞噬也是在所難免。再進一步想，我們眼前所存在的創新，多數也是通過制度眼皮底下的「檢驗」，才得以出現。例如：新理論與新學說需經過領域的守門人認可、藝術新秀需由前輩栽培與推薦、新藥需經過繁複的檢驗程序方能推出、新產品

需通過法規或標準、新金融服務要報請國家金融監管單位審核。各式五花八門、生動活潑的創新產品、服務或觀念，其實都經過規範審查，也需經過社會習俗、民眾認知、在地文化的考驗，這些都是「制度」力量的展現。

創新必須經過制度的監督，不少創新則是不敵制度的層層鎮壓，根本沒有問世的機會。但創新是否必然屈服於制度之下？其實也有例外，制度堅實牢固的結構、盤根交錯的系統、傳統交纏的基底，還是有鬆動的可能。例如：有時，群眾的強大壓力可能驅使制度打開大門；或者是領域上突破性的科技發明，得到國際性大獎的肯定；或是場域內加入新血，改變體質；又或是，創新者重新設計創新（物件），嵌入某種設計，也可能躲過制度制約，逐漸取代舊有勢力，有如持續放入新的魚兒進入一池舊水，悄悄更換水循環系統，終能漸漸汰換池水的體質。

令人感到矛盾的是，創新本應是大家樂見其成，是協助組織進步的好機會，理應受到成員戮力推行才對，為何創新卻受到排斥，難以存活？領導者理智上雖這麼想，但若考慮到法律、規範、文化等層面的抗力，加上創新可能衝擊到既有的權力結構，造成權威解體、主導者地位也不保的情況，就會面臨被制度扼殺的可能性。面對制度力，領導者往往力不從心，也因此創新的成功往往是幸運，逃脫失敗命運則視為僥倖。

我們需要重新認識一下創新，可以從概念及推動方式著手。概念上，我們必須認知到，可能沒有壞的創新，而是「被用壞了的創新」。新產品、新服務、新技術或是新商業模式的推動，通

常是由創新者掌舵，順利航行的關鍵在於如何順著制度脈絡向市場推行，才能找到可行的方案。學術上存在兩種主流看法：競爭優勢與使用者創新。

第一種看法，會把重心放在如何為創新增加更多外在競爭優勢。從傳統的SWOT(Strength, Weakness, Opportunity and Threat)與五力分析等，著重於敵我之比較來彰顯優勢進而取利[5]。這觀念發展到近期，轉向以技術創新，取得智慧財產權保護，或是互相合作取得專利，來獲得創新的競爭優勢[6]。然而，技術領先未必是推動成功的保證，失敗案例俯拾即是。例如：近代的光纖通訊革命即是前車之鑑。光纖通訊系統的三個基本要素是發光元件、光傳輸線路與受光元件，都是日本的西澤潤一所發明，但這個光纖通訊理論與當時的主流觀點相牴觸，似乎會推翻既有理論。這使得他申請專利時頻受刁難，在學術界發表也屢屢受到打擊[7]。

另一派觀點認為，創新成功的關鍵在於「找出使用者」。近來風行於企業與校園的「設計思考」(design thinking)可為其代表，主張創新應該從觀察顧客開始，透過觀察使用脈絡，分析後產生洞見，再發展創新方案[8]。因此近年來，產品設計開始轉向以使用者經驗為主，而非以技術功能為主的設計[9]。設計過程的中心是使用者的經驗，而非物質形體，這內蘊著一個創新者與使用者合作共創的設計過程[10]。例如：創新者可從使用實務中發現器材改良的靈感，而無須透過該器材的生產廠商。然而，若僅固著於使用者創新，則容易忽略使用者亦生存於制度脈絡之中。以

教育為例，觀察學生於學習上的痛點而改良的教材雖是有效的辦法，卻可能因為不解考試制度的制度力，而使得立意良好的設計變成無效的創新。學生的學習過程並非存在於真空環境，而是受到制度千絲萬縷的制約。

正如十九世紀愛迪生(Thomas Alva Edison)的電力照明系統在美國社會推出後，受到各種制度力的挑戰，包括當時的政府機關、煤氣燈產業與已經熟悉煤氣燈的社會大眾[11]。當時美國社會對電力照明系統的接受度不高，一方面是因為多數民眾不了解這項新科技，也對電力有所誤解，認為會危及生命。對煤氣燈產業，電燈泡創新顯得過於激進，因為它的崛起將可能造成煤氣燈事業的衰亡，危及政客的利益（當時政府與產業有盤根錯節的關係）。雪上加霜的是，根據《都市法》，愛迪生的公司不可以挖道路埋管線，而且媒體的負面報導也造成民眾的負面觀感。這些都是推行創新需要考慮到的脈絡。愛迪生順著制度脈絡找到回應困境的方式，使得電燈最終得以大放光明。

創新者面對打壓的對象要能「策略性回應」(strategic response)[12]。這就如同合作對象向你丟出許多問題，你必須好好回應這些提問，才有繼續合作的可能。施展策略性回應，就有機會轉化那些壓制創新的制度力量。策略性回應的類型有五種：包括消極的默從(acquiesce)，指創新者遵循組織的規範，服從法令規則或文化傳統；相互的妥協(compromise)，指創新者以平衡、和解或談判的方式，處理組織內成員的期待；刻意的規避(avoidance)，指創新者以掩飾、放鬆或退出，來表達對組織的不

順從，或免於順從；積極的反抗(defiance)，指創新者有意地忽略、挑戰甚或攻擊組織的規範、價值觀與規則；與反向的操控(manipulation)，指創新者影響、形塑或主導組織的價值觀、標準、元素與流程。除消極的默從與創新較無相關，其他每種回應都有其施展的價值，但關鍵還是在於要深入了解制度脈絡，以便設計對應的方案。

然而，當創新者的企圖心遇上制度的強力「防守」，最糟糕的狀況就是兩敗俱傷。上述學者所提包括相互的妥協、刻意的規避、積極的反抗、反向的操控等四項策略，創新者都需要在心理上做好建設，降低與創新持相對立場的人事物發生衝突的可能性，也因此操作起來要格外地小心。

創新是聖杯，但絕不是勝碑。創新是帶領企業進步的原動力，但不會是必勝的里程碑，弄個不好，還可能會讓創新者自毀前程。原有的問題不但未能解決，還可能會更加惡化。實務上，多數組織在推動創新時不是大動干戈，結果雷聲大雨點小，就是小火慢煮，煮到最後內部失和、人才出走，投入龐大資源卻難以達到推動創新的原始目標。為何會如此呢？這樣的困境有化解的可能嗎？我們再從愛迪生推動電力照明創新的經驗中一窺究竟。

二、當制度打壓創新

1879年，愛迪生是當時著名的發明家，當我們回顧他推動創新（電力照明系統）所遇到的種種困境與因應之道，更可以理解

他是一位懂得以剛柔並濟的方式來推動創新的謀略家。大部分的人會認為，愛迪生在推廣電燈時應該是一帆風順，將便利的新發明帶入人民的生活中，相對於既有煤氣燈的汙染，想當然耳民眾應歡喜地接受電力照明才對，但事實不然。

事實是，愛迪生的電燈創新險些在市場上絕跡。當制度面對一個想要取而代之的創新，就會如捍衛王權一般，彰顯出強大的宰制力量，稱之為制度阻力，目的就是不讓創新順利地擴散。當時，煤氣燈產業與政客間的利益盤根交錯，是絕不允許他人動搖。愛迪生的新發明在當時美國社會那些掌權者眼裡，無疑是妨礙他們的絆腳石。當愛迪生要推動創新，又要小心不被制度阻力吞噬，究竟該如何做？他與這些「嫡系派系」打交道的策略，可以分為六點說明。

策略一：登高一呼。當民眾對電燈還一無所知時，愛迪生以發明家的地位在紐約《紐約太陽報》(*The New York Sun*)上刊登廣告。宣稱他發明一套較煤氣燈更便宜、實用的電燈系統，藉此吸引社會大眾的注意，希望創造知名度。他也結合其他的電力產品於電燈系統內，強調電力系統布線不只能提供電燈照明使用，也能供應給其他產品如電熨斗、電爐（利用熱能烹煮食物）、電梯等。仔細分析背後的意義，愛迪生本身已是全國敬重的發明家，此招的意義在於利用高知名度來引起大眾的注意力，藉此擾動原先穩定的煤氣制度體系，吸引人們對電燈系統的注意力。藉由公開報導也吸引潛在合作夥伴，組成更大的團隊來對抗現有的煤氣燈體制。

　　策略二：笑裡藏刀。新事業需要強大的財務支援，尋求過程中愛迪生除了找數家大型銀行加入外，更大膽邀請煤氣業投資者。對當時的煤氣業者而言，愛迪生的電力系統仍是微不足道的對手。愛迪生不惜讓出股份，利用「風險與利益」進行遊說，讓煤氣業投資者認為，轉投資電力系統是一個分散財務風險的管道，甚至有機會於未來帶來巨大的收益。此舉巧妙地由敵方引進財務支援外，愛迪生更順藤摸瓜、以退為進，藉由合作來熟悉煤氣制度體系，理解對方的痛點（例如：煤氣燈不安全，產生汙染對人體有害等），以在未來攻其無法防備之處。

　　策略三：無中生有。電燈配線時必須將地板掀開，或順著出入口的蜿蜒來進行。就當時的技術而言，只有少數安裝門鈴的專業技工才有這項技能。為有效地解決技工不足的問題，愛迪生遊說當地的職業學校，新增設電力配置的訓練工程，並自行發展訓練課程來培養人力。對一項發展中的創新，若無法即時回應用戶需求，將可能造成另一波抵抗。此招利用與學校合作並自行設計訓練課程，預防電力系統市場成長時，技師不足的瓶頸，並掌握關鍵的人力資源。另一方面，人力也是煤氣業者比較不會防備之處，愛迪生因此利用此有利時機，迅速培養創新續航實力。

　　策略四：偷天換日。1880年，當時《都市法》規定，只有煤氣公司才能挖道路、鋪管線。再加上，新聞時不時出現電線漏電殺人、電力謀殺等事件報導，大眾對電力系統是存疑的。社會對電力系統的不信任感已然逼得電線地下化成為當務之急，但市政府卻不願意發放埋管線執照給愛迪生的公司。愛迪生為因應都市

法規，成立一家煤氣公司，以獲取地下管線鋪設的合法性，也在各項作業上符合煤氣產業的程序規範。在當時，電力管線埋入地下時，會消耗部分電力。但相較之下，如何降低民眾疑慮更顯重要。愛迪生成立煤氣公司，以偷天換日的手法，在制度的限制下找到出口，順勢超前部署，不但鋪設完線路，也化解民眾於使用安全上的憂心。

策略五：安其所習。在愛迪生所處的第一區內，煤氣燈都已內建在建築物中。許多住宅與辦公大樓若要改採電燈系統，就等於要將管線全部換新。愛迪生推廣電力照明時，必須面對顧客對成本的考量。一般顧客已習慣使用煤氣度數儀表來計價，因此愛迪生也繼續以度數儀表計價，因為它是顧客容易理解的方式。雖然以相同計價介面來計價，愛迪生需要逐漸改變此設施為「電力」的計量方式，愛迪生乾脆就讓最早採納的顧客免費享用六個月的電力。這些顧客成功轉換後，更是口耳相傳，帶來更多人採納電燈系統。愛迪生以使用者熟悉的方式來設計電力照明系統與各種介面，設計的重點在於將新穎特質融入用戶熟悉的使用方式。一個與大眾使用習慣相距太遠的創新，必然減低大眾的接受度，披著制度外皮的創新，才有機會受到初步的採納。

策略六：魚水相幫。無庸置疑，煤氣燈是當時人們的主流照明系統。煤氣燈出現於工廠製造、產品運用、都市照明，業者壟斷照明市場，並享有超額利潤，更與政經勢力緊緊勾結，編織出密不可破的制度網絡。愛迪生的公司申請營業執照時，遭到紐約市府斷然拒絕。隨後等愛迪生尋到有力資助者（各大銀行）時，

才終於取得執照。然而，市議會並未放過愛迪生，並獅子大開口要求愛迪生必須支付每哩1,000美元的鋪線費用。後續，愛迪生結合敵方的投資者，終將1,000美元降至52.8美元。愛迪生找來多家銀行業者投資，讓銀行看見未來的投資商機。這些銀行成為策略性投資者後，愛迪生也取得合法性，並以銀行勢力去抗衡市府的壓力。

　　一個創新要能夠存活，光有好點子是不夠的，創新者還必須有智謀。當創新遇上制度阻力，創新者需策略以回應。愛迪生的策略回應讓我們理解到創新者如何能「回應而非對抗」強大的制度體系。

三、制度：軟磨硬抗的對手

　　軟磨硬抗，指以和緩的策略慢慢磨耗，以堅定的立場來反抗，但絕不考慮向對手服從。這個「對手」即是制度，從下定決心要推動創新的那刻起，服從對手的選項就不復存在。創新者的首要工作，是趕緊了解「制度力」的強度。

　　制度是構成社會的基石，它包括政府制定的法規系統(regulations)、社會規範(norm)、民眾認知(cognition)等三大支柱[13]。法規系統規定與箝制組織與民眾的行動，若是法規說不行的，與之衝撞將會被懲罰。社會規範幫助民眾形成行動的目標，也界定追求這些目標的適當方式為何，通常展現於民眾的風俗、習慣與文化。例如：華人世界深受科舉制度影響，升學考試文化

讓學生的學習目標聚焦於考高分，而社會所認同考高分的方式就是「背多分」與「講光抄」。最後，民眾的認知指的是，文化面認知的慣性，代表著民眾共同的信念與行動背後的價值觀。認知會使得民眾視其為理所當然，產生「不這樣做才奇怪」的意思。例如：「萬般皆下品，唯有讀書高」便是從科舉時代起就影響著華人的價值觀，直到今日還是深深宰制著老師、父母與學生的思維與行為。

　　愛迪生的案例中也看得見三種制度影響力。例如：在電燈管線的鋪設上受到法規的限制，愛迪生的回應策略並非衝撞法規，反倒是在現有法規中找到漏洞，讓創新融入「合法」的體系中。再者，當時美國民眾不習慣使用煤氣燈以外的照明設施，原因是他們認定煤氣燈較為安全。這是長久積累而成的思維，積非成是，結果造成民眾忽略煤氣燈對人體健康的危害及易燃特性容易帶來火災。這樣的習慣所帶來的（扭曲）認知便成為：「因為大家都使用煤氣燈，所以煤氣燈應該就是安全的。」

　　制度的力量是由法規、習慣與認知所構成，驅使民眾的思考與行動遵守制度所期望的方向[14]。法規的力量強制組織的行動，使成員服從，比如人們在繳稅時會在意自己做與不做會得到什麼樣的獎懲，又或是國民要守法才能享有基本權利等。社會規範的力量雖不具強制性，但卻更不容小覷其約束力，例如：人們多會穿著符合社會期待的服飾，舉止也盡可能合乎社會禮儀，以爭取多數人的認同。認知的力量更為隱性與深層，讓民眾不假思索，不自覺朝向制度認可的方向思考與行動，例如：老師的角色會自

然而然成為學生順從的對象，學生也會為了爭取老師的認同，朝老師所指導的各類行為方針去學習。

　　創新者必須掌握制度的樣貌，但制度這個對手的長相並不固定，就像是水一樣，裝在不同的容器裡會有不同的形狀，體現不同的樣態。制度對創新的影響雖然隱形，但必然存在，想方設法地阻撓創新的去路。對制度力最佳的化解之道絕非硬碰硬，反倒要耐心應對，若能化敵為友則佳，若不能則創新就需要與制度泰然共存。發展出合宜的策略回應，是聖杯得以轉為勝碑的關鍵。

注釋

1. 原文為：Institutional forces shape individual interests and desires, framing the possibilities for action and influencing whether behaviors result in persistence or change. 此段文字引述自：Powell, W. W., and Colyvas, J. A. 2008. Microfoundations of institutional theory. in Greenwood, R., Oliver, C., Suddaby, R., and Sahlin, K., eds. *The Sage Handbook of Organizational Institutionalism*, pp. 276-298. London, UK: Sage Publications.

2. Alexander, L., and Van Knippenberg, D. 2014. Teams in pursuit of radical innovation: A goal orientation perspective. *Academy of Management Review*, 39(4): 423-438.

3. Dacin, M. T. 1997. Isomorphism in context: The power and prescription of institutional norms. *Academy of Management Journal*, 40(1): 46-81.

4. DiMaggio, P. J., and Powell, W. W. 1983. The iron cage revisited: Institutional isomorphism and collective rationality in organizational fields. *American Sociology Review*, 48: 147-160.

5. Porter, M. E. 1985. *Competitive Advantage: Creating and Sustaining Superior Performance*. New York: Free Press.

6. Teece, D. J. 1986. Profiting from technological innovation: implications for integration, collaboration, licensing and public policy. *Research Policy*, 15(6): 285-305.

7. 陳星偉，1999，《創新才會贏》，臺北：遠流出版。

8. Brown, T. 2009. *Change by Design: How Design Thinking Transforms Organizations and Inspires Innovation*. New York: Harper Collins.

9. Rindova, V. P., and Petkova, A. P. 2007. When is a new thing a good thing? Technological change, product form design, and perceptions of value for product innovations. *Organization Science*, 18(2): 217-232.

10. von Hippel, E. 1986. Lead users: A source of novel product concepts. *Management Science*, 32(7): 791-805.

11. Hargadon, A. B., and Douglas, Y. 2001. When innovations meet institutions: Edison and the design of the electric light. *Administrative Science Quarterly*, 46(3): 476-514.

12. Oliver, C. 1991. Strategic responses to institutional processes. *Academy of Management Review*, 16(1): 145-179.

13. Scott, W. R. 2001. *Institutions and Organizations*. Thousand Oaks, Calif.: Sage.

14. Zucker, L. G. 1977. The role of institutionalization in cultural persistence. *American Sociological Review*, 42(5): 726-743.

Chapter 02

柔創新，韌物件

Soft Innovation, Robust Objects

「西洋棋高手與生手的區別，不在於前者有預見棋局未來發展的能力，而在於有能力在與對手攻防同時，保留可根據對手走法而即興回應的空間[1]。」

——萊佛(E. M. Leifer)教授

一、名為制度的操偶師

　　老少咸宜的皮影戲、布袋戲或小木偶，都是由台上的主角活靈活現地帶動劇情，引人入勝；但剖析起來其實完全是掌上乾坤，由幕後的操偶師掌控其一舉一動。我們引用操偶師的隱喻，來描述強大的制度能影響人於無形，並想進一步探討：為何創新者會成為名為「制度」操偶師的小木偶，為何創新者在制度壓力下會感到窒礙難行，哪三條木偶線箝制他們的思考與行動，又如何箝制？前一章我們認識制度的概念，也初步了解制度是構成社會的基石，政府的法規制度、社會的習俗規範、人們的文化與認知習慣為其三大內涵[2]。制度若為操偶師，那麼操偶師是如何運用法規制度、社會規範以及文化認知這三條拉線，將熱力無窮、突破框架的創新者馴服為聽話的小木偶呢？這樣的狀況在各個案例中層出不窮，古今中外都可以看得到，因此，在聚焦解決策略前，我們先藉由一些故事案例暖暖身，認識這三條木偶線如何對創新者造成巨大的影響，這也可幫助我們理解下一節創新者回應制度力的策略邏輯。以下我們將依序說明法規制度、社會規範、文化認知三條木偶線，如何幫助名為「制度」的操偶師，運用每一條線發揮其影響力。

(一) 第一條：法規的力量

　　首先來看看《勞基法》對大學課堂教學助理工作所造成的阻力。經過高教薰陶的學生對大學課堂中的教學助理應該都不陌

生。自從2019年勞動部修訂《勞基法》開始，大學教授與教學助理之間不再只是單純師生關係這麼簡單，擔任教學助理的學生成為了和一般企業受僱員工相同的「勞工」，而大學端則成為了雇主。原本能跟著授課教授步調，一邊做中學，一邊增添點生活補貼收入的機會，在過去雖然不能算很多，但也不至於落入現在這般窘境。怎麼說呢？新法規定，既然教學助理歸屬勞工身分，那就必須要「納保」才行，同時，大學端必須要依法僱用一定數量的身心障礙員工，而且這個數量必須達到全校總僱用教學助理人數的3%。

　　對此，國內幾所頂尖大學都曾公開喊過話，表達這對教學品質和學生都是打擊。舉例來說，臺灣科技大學過去聘用的教學助理人數平均落在600位左右，清大則是落在1,500位左右，經過3%換算，就分別要滿足聘任18位、45位的身心障礙學生[3]。這並非各大學不願意，問題是一所大學的身心障礙學生經常是落在個位數，而且這些學生們還不一定願意擔任教學助理。位置雖空著，但亦不得聘任有意願的一般學生，否則就要被罰款。面對原本是保護學生權益、立意良善的新法，卻讓大學教授吃足苦頭、讓一般學生失去進修打工的機會。更糟的是，許多大學被逼急了，只好向外胡亂聘用助理，影響授課品質。法規影響實務，甚至控制實務，這即是法規制度宰制課程人力運用的例子，也可以看出錯誤的制度將原本立意良善的構想引導為不良的後果，而組織內的成員卻無能為力去改變。

　　另一個例子，看似遠在天邊，其實也可能近在眼前。面對碳

排放量導致地球暖化，進而影響氣候變遷、生態環境惡化的危機下，歐盟已在2005年設立碳交易制度(EU ETS)，境內約一萬兩千個高汙染能源與工業設施都受到管制。可想而知，相關產業與業者，除了撤離歐盟地區的選項外，勢必要在自身經營實務上進行釜底抽薪的改變。歐盟進一步設定在2050年達到淨零碳排的目標，2030年溫室氣體減量五成，實際的做法是透過開設碳關稅，控制國外銷往歐盟產品的碳足跡。未來，歐盟將優先針對高耗能產品採取行動，預料臺灣銷往歐盟的鋼鐵、水泥、石化及造紙產業等都會受到影響。如果上述這些產業的廠商仍以出口為目標，必然要接受相關法令的約束，合格者可得到市場的獎勵，不合格者則將注定被迫退出市場。

　　「法規制度」這條木偶線具有幾項特徵，分別是結構的強制力、無形的監視力、實質的獎懲力。結構的強制力來自硬邦邦的規定，體現於對創新者設置有限的行動選項。例如：前述的教學助理議題中，大學相關人員不是照辦就是放棄，沒有第三種選項。無形的監視力是由於制度都會設置專人專責，站在制高點監視著各種規定的執行，一旦發現有人試圖對抗法規制度的絲線，即給予懲罰作為限制手段。又如前述碳排放量的控制，是由歐盟與臺灣各項檢驗機關把關記錄。守在法規內的作為會得到獎勵，例如遵守碳排放量規定的廠商，將可能擺脫其他不遵守或無法遵守廠商的競爭，而取得更多市場占有率的實質獎勵。我們不得不承認，法規制度的強硬作風在創新者眼裡確實如臨大敵，也是管理學上持續努力找尋答案的困境之一。

(二) 第二條：規範的力量

　　木偶線之二可從加拿大醫療體系中導入專科護理師的故事，來認識社會規範的制度力[4]。專科護理師(Nurse Practitioner)是醫療體系的新角色，已普遍存在於美國醫療體系，運作也很成功。專科護理師的訓練過程比一般護士多三到五年，還要有4,500小時一般護士的工作時數，可以幫病人診療與開藥。在工作繁重的醫療體系內，專科護理師填補傳統醫生與護士工作間的空缺，創造更高的醫療效率，理應是大家額手稱慶的事。然而，創新者要引進這個新工作角色到加拿大亞伯達省的醫院服務體系裡，並取得正當性(legitimacy)，中間的困難可真不少。推展中最難解的阻力不是法規、流程或文化，而是此角色的規範(norms)問題。醫生懷疑其專業，也有些顧慮會取代自己的地位，感覺「不正當」。一般護士則質疑專科護理師跟自己的工作有何差異，認為專科護理師「不適宜」在醫院場域出現。在以合作為主要工作型態的醫療制度中，當其他醫療同僚並不支持時，新工作角色的推動就會困難重重。由此可窺見，規範的制度力會使人固著於創新在社會情境中是否正當與合宜，而不在乎是否能創造價值。

　　此外，人手一機的智慧型手機，讓我們抓住身邊各種人事物的留影，成為再輕鬆也不過的事情。我們很難想像，在1888年柯達公司推出捲片相機(role film camera)之前，照相其實屬於一種專業性質的活動。當時，照相需要一套複雜的程序，操作相機者要具備專業的攝影知識，還有每次拍照都需要背負一套沉重的攝

影設備。因此，照相大多是男士的專利，人們也只會在重要場合才付費尋求此專業服務，形成一種社會規範。

　　要去改變這樣的規範並不容易。柯達公司花費近三十年的時間，運用大量與長期的廣告宣傳，鼓吹冒險精神與度假生活，同時向大眾提醒照相可以保留重要時刻的回憶，所以度假絕不可少了照相這件事。柯達捲片相機雖然便宜又簡易使用，但照出來的照片品質不佳，用專業攝影角度來看，犧牲了攝影的品質。當時曾引起專業攝影師的反彈，認為攝影已經失去它的藝術成分，一時之間形成輿論，在牴觸社會現行規範下，險些造成柯達捲片相機的危機。後來靠長期推廣才將過去像鍊金術般複雜的攝影活動，轉變為每日生活中的一部分[5]。

　　「社會規範」作為第二條木偶線，其特性包含規範性的順從力、儀式性的模仿力、同形化的壓力。這些限制創新者的做法不同於法規制度的鋪張，反倒是悄然無息，從人們的互動中累積成形，致使人們不理性思考，直覺性地順從某些規範。如上述專科護理師的工作角色，因規範力使醫生與護士對於專科護理師能分擔自己的工作負擔難以產生理性思考。捲片相機帶來由專業攝影師或是男性主導攝影活動的社會規範衝擊，要改變這樣的習慣，讓許多人一時之間無法接受。進一步，這樣的規範由外帶給他們在行動策略上的僵化，由內帶給他們若不與人相同為之則會被視為「異端」。這些棘手限制都是創新者需要擬定策略以回應的。

(三) 第三條：認知的力量

　　木偶線之三，我們稱其為文化認知，是由社會文化傳統所灌輸，以及人們認知習慣衍生而成。人們往往戴上文化認知的框架眼鏡而不自知，以色列在1978年成立的「性侵危機處理中心」即為一個例子。觀察該中心的功能與實務，可看出它深深鑲嵌了社會文化的影響。成立初期，當時社會上女性主義興起，因此中心與女性主義運動掛鉤，對於性侵事件的看法，他們認為是社會對女性不平等看法之結果，是社會事件。性侵事件的發生，是因為女性為社會上弱勢的目標，而性侵是男性主導權力的表達，而非來自性侵者個人的激情與侵略意圖。因此，當時該中心的目標是要改善此社會現象，實務上著重於政治上的遊說以立法，而不會著重在受創者個人的傷口上貼繃帶。

　　1982年後，因為女性主義的式微，加上中心取得非營利組織 (NPO, Non-Profit Organization)合法的地位，它的發展需要更多的資源，以提供更多的性侵受害者必要的幫助，女性主義反而帶給該中心在發展上一些不利的條件（例如：女性主義的形象、缺少認同其理念的志工等）。因此中心從女性主義刻意轉到治療專業組織，中心的許多運作面向都有實質的改變，漸漸由一種政治性的組織，轉為服務性質的專業組織[6]。第三條木偶線更為隱形深藏，但卻能主導各項實務作業的走向，當我們要尋求改變時，須從觀察人們的認知與行為出發，並嘗試順應這深深植入的認知線尋找鬆動的可能。

　　另一個例子，我們用1986年美國挑戰者號的悲劇來一窺文化認知的力量[7]。當年1月28日，天氣晴朗寒冷，氣溫大約攝氏0度。位於美國佛羅里達州甘迺迪太空中心的發射台上，挑戰者號太空梭準備就緒，準備進行第十次的任務。這應該已是駕輕就熟的事，卻在升空後第73秒時發生爆炸解體，七名太空人全部罹難。經過幾個月的調查，委員會成員之一的物理大師費曼找出釀成災難的原因是在升空59秒後，因右側固態火箭推進器上用來密封燃料的O形環，在低溫一段時間後失去彈性，因此在施壓後無法回復原狀，以致無法發揮密封的功用導致此災難。

　　表面上，費曼找出零件失效是致災的原因，但其實背後還有更深層的因素。原來在挑戰者發射前一天，承包商的工程師即對於O形環在低溫下的密封能力提出顧慮與擔心，然而承包商與美國國家航空暨太空總署(NASA, National Aeronautics and Space Administration)的管理階層，皆不願意為此不確定的因素中止發射計畫。這是因為計畫中止可能會被視為一種「失敗」，而NASA是不能與「失敗」有所關聯。費曼在挑戰者號爆炸案後，沉痛指出NASA在「安全文化」上的缺失，他認為NASA管理層對安全與可靠性的評估，明顯不同於參與實際工作的工程師的評估，不僅粗糙且不切實際，且官僚凌駕技術的文化力量，更可能掩蓋理性的思考，導致錯誤的決策與後果。

　　回顧上述兩起案例，幫助我們對「文化認知」這最後一條木偶線有一些特性內涵的掌握，包括：箝制性的約束力、思考的慣性力、文化的束縛力。文化認知的約束源頭，多是來自於創新者

本身對自己的限制，在思想上有某種「慣性」被養成而致，這樣的思維影響了價值觀，並形成束縛力。這往往是創新者難以回應的阻力。表2-1整理三種制度力的內涵。

表 2-1：制度所形成的巨大影響力

制度元素	制度力	影響與範例
法規制度(regulations) 說明： 制度含有一組穩定的規則，以監視與懲罰的力量為後盾，用獎勵或懲罰的手段讓人遵循。	1. 結構的強制力 2. 無形的監視力 3. 實質的獎懲力 以強制力為主，搭配無形的監視系統與有形的獎懲機制。	影響：迫使人們在規定的範圍內作業，為了生存不敢不從。 範例：《勞基法》制度反而造成大學教學助理任職困境，影響教學品質。歐盟預計開徵碳關稅，高耗能產業必須遵從相關規定。
社會規範(norm) 說明： 制度具有某些規範、風俗、價值觀和義務，用來規範人們的行為。	1. 規範的順從力 2. 儀式的模仿力 3. 同形的壓力 以同形力為主，來自順從規範與儀式模仿，不斷自我強化。	影響：於習慣中形成，驅使人們忽略理性的需求。 範例：專科護理師被認為不正當合宜，難以填補到醫療體系。照相活動需專業付費，難以打入一般人生活。
文化認知(cognition) 說明： 制度會形塑人們的價值觀，人們之所以養成某些習慣，是因為他們的價值觀限制他們的思維與行為選項。	1. 箝制的約束力 2. 思考的慣性力 3. 文化的束縛力 以慣性力為主，既有思維約束人們的行為。	影響：箝制人們的思考方式，以致於難以接受新觀念。 範例：社會文化影響組織的走向與實務，組織要改變也須符合社會文化的轉變。NASA的「不能失敗」文化掩蓋安全的評估，導致錯誤決策。

二、當小唉遇見大礙

　　小唉是創新(innovation)，大礙是制度(institution)，前述三種制度力即是「大礙」（龐大的阻礙），於是這些強大阻礙的力量就使得弱小創新者唉聲嘆氣、哀嘆不已。當小唉遇上大礙，該施展怎樣的回應策略？當創新者一步步往前行時，制度裡的龐大阻礙就會越趨明顯，回應「大礙」就成為每個弱小創新者必修的學分。「策略性回應」是近代管理學界達到共識的解答之一，但運用時需十分小心。創新者往往一心只想著研發，而鈍化自身察覺制度力的敏銳度，也不知道需要研擬回應能力。這很可能會讓創新者與制度硬碰硬地對峙，最後陷入停滯，讓創新者感到無助，最後放棄。相反地，創新者若能反過來運用制度力，將其視為可用資源，而不是受其制約[8]，制度阻力說不定就能成為助力，進而形塑出策略性行動[9]，創新進而也能於制度環境存活、甚至茁壯。三個策略性回應內涵為：臣服、對抗、陽奉陰違，以下分述之。

　　第一，臣服(compliance)——臣於準則，服於回應。指創新者採取遵循制度規則的回應策略。創新者會修改創新，以順從制度的標準、要求與規則，來免除制度力的壓制。學者們發現採取臣服策略的多為大型規模的組織，因為其作為常常在社會上動見觀瞻。一份針對北歐時尚產業的調查研究，發現業者們對於實施企業社會責任的制度力，會在不同利害關係人的不同壓力下，形成臣服的回應，但這並不代表業者按兵不動，業者仍會設法尋求

創新的機會，顯現出策略回應的分歧性，由此可知，即便在面對相同的制度壓力下，雖然組織們都展現出臣服，仍會正面積極地尋求改變或創新的機會，形成臣服下的創新[10]。

第二，對抗(resistance)──對立爭雙贏，抗拒憑巧勁。當創新者消極地規避到了極限，將很可能轉換為積極地反抗，這也是另一種創新得以推展的契機。例如：一份研究顯示，高度制度壓力下的金融業，資訊外包作業的許可權原本深受同業公會與聯邦法規的影響，嚴格地被控管與限制，然而，在競爭與生存壓力下，金融業被逼到了盡頭，必須務實地面對經濟效益的考量，採取「反抗」策略，意外地開啟另一種與私法人制度合作的新營運模式[11]。

值得一提的是，在對抗的策略中常要能靈巧地回應制度的複雜性。組織如何回應，需要考慮案件脈絡以及配套的條件。創新者在跟制度的回應上，如何讓看似敵對的「對抗」帶來正向的「改變」，最好能把握契機進入制度的核心，漸進式地營造對己有利的經營條件。例如：企業透過與民意代表的協商，遊說政府相關政策的方向與內容對產業的衝擊，目的在於改變相關的規定，進而使制度成為有利於業者營運的助手。不過，改變策略要成功，須具備兩個條件，包括：第一，若真能成功實施改變，企業必須有足夠的資源可以動員；第二，制度壓力不能太高，若碰到制度壓力很高，而業者要推出的是激進式創新時，其挑戰性可能難以克服。

　　第三，陽奉陰違(Janus-faced action)──表面遵從，暗裡違背。第三招是介於臣服與對抗之間，創新者技巧地操控、改變制度的要求，有利於組織爭取生存的空間[12]。這個策略將會是一場長期的磨耗戰，往往發生於創新者在資源不足時產生反彈，並視其為正當性來促成制度「改變」。例如：一份研究發現，當制度（主管機關）命令大學採用一個新的預算流程，若該流程不符合大學的目標，大學還是會拒絕導入，表面上回應正在執行改善策略，但實際上非常被動地緩慢進行，創造出一個既符合自己需要，又符合制度期待的狀況[13]。另外一例，制度對鋼鐵業廠商下達指令，發現該產業的業者傾向先被動合作，再長期與制度提出協商意見，雖然較少看見個別業者對於制度力的對抗策略，但會同時質疑操控政策的制度力是否專業上有所遺漏，一來一往地提出意見協調，達到順從與妥協[14]。

　　創新者與制度對峙，是一種權力不平等的狀況，用現代跨國企業的處境更容易理解創新者（或稱為弱勢者）面對制度的難處[15]。母公司、子公司各自在不同的國家地區，營運上承接不同制度的要求，例如不同國家的法規、規範與文化。當組織中權力相對弱勢者（如子公司）要取得影響力時，必須要施用某些策略才能達陣。服從總部的各種安排是阻力最小之路，在地區上抗爭，也許短期上總部會買單，但長期仍有風險。子公司必須運用一些權謀可能爭取適當的影響力，例如：安排自己的人馬進駐總部，來減少身處邊陲地區可能會產生的資訊落差，建立一條「直達天聽」的管道，也不啻為弱勢者翻身的好方法。

　　此外，創新與制度兩造間的相互抗拒，不只是因為創新帶來的改變與制度現況間的差異，形成表面上的牴觸這麼簡單。近來研究試圖以「制度邏輯」(institutional logic)彰顯制度對於創新者的影響[16]。制度邏輯像是操偶師的「操偶規則」，雖然無形卻操控領域內的主要活動。例如：企業將資源做最有效能的運用，產出商品或服務，再將營利分配給提供資源者，市場的動態尋找獲利的最佳方案，是最自然不過的事情，這就是一種「市場邏輯」。然而，創新者也會擁抱某種主導邏輯，例如：社會企業不是以營利為目的，是希望解決在地問題，由社會福利著手來經營事業，這樣的「社會福利邏輯」就與「市場邏輯」截然不同，也因此會產生排斥的結果[17]。在美國，律師是高壓力的知識性工作，往往會因訴訟案件的複雜程度，幾乎沒有休假的時間，也因此不能兼顧家庭，造成身心的受創。雖然律師都很想要平衡家庭與工作，但是另一方面這項專業對於律師要具備「鋼鐵人」(iron man)特質的印象深植人心。最後「專業邏輯」打敗「家庭邏輯」，使得律師的工作調配還是無法改善，繼續過著鋼鐵人般無眠無休的生活[18]。

　　在策略性回應越趨複雜的同時，越來越多研究提出，制度力會滲入組織內，牽動個體實際的行動，因此要由實務觀點(practice lens)，也就是將研究焦點從組織整體性的回應策略，轉移到看組織內個體的實務動態，透過人們被操控的行為之中，來檢視創新與制度兩造之間的衝突。例如：從組織內部的工作實務以及歷程性的變化，分析制度力如何制約創新者，創新者又如何

創意地回應制度阻力，形成「陽奉陰違」的各類回應策略[19]。

三、計中計：設計中的計謀

　　最後，我們檢視創新者與制度，從制度力觀點來剖析創新所可能遭遇的阻力。愛迪生案例提供重要啟發，引出設計不只是人造的物件(artifact)，而且需包含創新者回應制度的計謀。這個案例對於創新與制度兩造對峙的情境提出新的解讀：面對強勢者，弱勢者可以示弱，以退為進的回應反而能夠開拓一個新空間。然而，該研究主要的證據來自於歷史資料個案，像是愛迪生的筆記，仍欠缺對於創新者行動的描述，也尚未深入分析創新物件的設計特質，與背後的計謀有何相關性。我們需要更深入地去了解有哪些策略回應的手法[20]。

　　我們先釐清一下什麼是「設計」(design)，根據國際工業設計協會的說法，設計是一種創造性的活動，目標在於決定設計標的（如產品或服務）的多面性、使用過程與服務內涵[21]。設計既是一種流程（由一組活動所構成），也是一項成果（人造物件），無論在中／英文（設計／design）中，它既是動詞也是名詞。提出「有限理性」(bounded rationality)的諾貝爾經濟學獎得主西蒙教授認為，設計是規劃出一組行動，以達成改良現況的目標[22]。設計雖然富有探索、嘗試與實驗的性質，也是具有特定意圖性的活動。

　　企業經常設計人造物件來改變組織成員的行為，像是用「標

準作業流程」(SOP, Standard Operating Procedure)強制規範成員的工作實務。然而，文獻上對於「該如何設計物件」來改變組織成員的行動慣例，卻所知不多，亟需進一步的深入探討，例如：一項研究便提出「設計績效」(design performance)的概念，指出企業以物件規範流程，以便從而造成組織例規的改變[23]。外顯可見之物件，若要發揮變革功能，必須留意其內部的運作是否能順利運轉，透過物件引導出行動改變的循環。這提醒我們應該由整體流程的觀點來檢視一個物件該怎麼「被設計」，使之具有引領行動者改變實務的功能，發揮創新物件的績效。因此，物件設計內會隱含哪些例規的改變，會促成哪些回應制度的行動，需要受到更多關注。

　　物件的分析對創新回應制度的議題甚為重要，可惜我們對於如何由物件去解讀創新者的回應行動，所知道的仍然很有限。我們更需要知道，創新者是如何設計出物件，來作為創新的載體，這需要分析物件的內涵（像是一項課程的教學設計），並且進一步去理解這個物件內含哪些回應的手法，又是如何去化解制度所帶來的阻力。換句話說，我們需要分析物件本身的設計，也要知道這個設計的背後隱含著怎樣的計謀，用來化解規範、習慣、認知等制度力所帶來的制約。

　　本書在此理論基礎上，提出「柔韌設計」(robust design)的概念，相對於自不量力地去「衝撞」制度，或是自廢武功去「臣服」制度的「剛硬創新」，柔韌創新代表創新對制度的回應性質是柔性的，創新者運用以柔克剛的設計，巧妙地跳脫「臣服」與

「衝撞」兩個極端[24]。這樣的設計是溫柔而堅定的，講究的是一點一滴、積少成多的產出效果，最終能化解制度的箝制，將創新順利地帶入組織、社會與國家。柔韌創新的目的是讓創新者能在面對制度壓力時，不需犧牲成為烈士而仍可實現創新的願景。

　　本書也提出「韌物件」的概念，主張物件在帶入創新的重要性。物件除了依據原設計目的讓人們使用之外，在兩造或多造之間，還可以擔任溝通功能，例如工程師做出「工程藍圖」作為設計、技術與裝配三方人員溝通的疆界物件(boundary object)[25]。技術員用藍圖去理解工程所需的技術、裝配員依照藍圖完成細部工作，進而分享知識。工程藍圖這項物件也在工程現場行使「正當性」，讓各方人員奉為圭臬，依照規劃各司其職去完成任務。物件除了技術功能外，也隱含社會性的功能。物件也可能在工程師現場跨界合作時，協助穿越疆界、尋找到不同部門合作，喚起事件的意義與串接不同的邏輯關係等功能[26]，不過，這些研究都沒有探究到物件裡的設計。

　　物件設計有兩個需要關注的層面。其一是物件的功能層面，韌物件要透過各種功能的設計，帶領用戶建立新的使用實務，擺脫舊的使用習慣。其二是物件於符號層面的意義[27]，韌物件透過設計以達成跨領域溝通，讓使用物件者不因其「新」而排斥，透過與「舊」元素的連結建立親切感，正如愛迪生設計電力照明系統的收費，即採取與煤氣燈時期相同的介面，不讓使用者察其新而生排斥。物件的功能與符號層面同等重要，韌物件透過設計傳達功能，同時也要透過物件的設計與深受制度力制約的使用者進

行溝通，化解他們所受的制度制約。

　　同時，我們也要區分出「物件設計」與「物件中的設計」：前者較偏向一般人直觀理解的設計，針對物件的形式與功能，進行各種元素的安排；物件中的設計則較為抽象複雜，在談的是設計者透過物件的形式與功能設計，背後想要達成的意圖。因此兩者有三點不同：首先在「可見性」上，物件設計較為顯而易見，而物件中的設計則是隱微的；其次是「策略性」有別，物件中的設計是設計者（創新者）有特定目的而安排的細節，透過物件來傳達這個設計意圖；最後是建構性，物件設計是透過形式（視覺）或是功能（涉及使用流程）來建構出使用者行為，物件中的設計則是設法運用上述的設計特質，來引導、建構出使用者心理特質的轉變，達到設計者的意圖。

　　本研究意欲探究「物件中的設計」，因此參考格雷瑟教授(V. L. Glaser)[28] 所發展的設計流程概念架構，修改為本研究分析架構如下圖2-1所示。

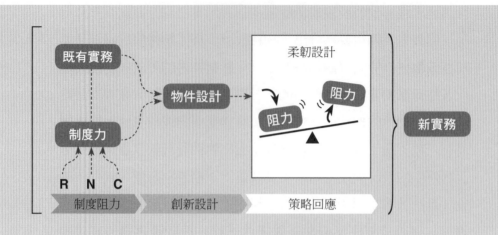

圖 2-1：本研究分析架構

　　本書目標是於教育領域，分析制度制約下創新者如何能柔韌
地回應，而不是剛硬地對抗。基於此，本書後續個案會由分析物
件開始，來理解創新者如何透過教學設計，去回應教育體制的制
度壓力，使得學生長期受填鴨教育之害而不自知。這樣的設計不
只是迴避教育制度的制約、改變學生於學習上的習慣，也轉變家
長對於考試制度的價值觀。我們由教學物件的設計，便可以一窺
這些創新者的策略回應。本研究由微觀的行動，分析回應制度
的策略動態。這也揭示物件作為一種策略工具(strategic tool)的可
能，我們將由柔韌設計來解釋，面對強大制約下，創新者如何以
弱勢者去回應強勢者的壓制，讓創新在制約中仍能成長茁壯。

注釋

1. 原文為：What separated chess masters from novices was not an ability to see many moves ahead, but an ability to devise moves that advanced a particular strategy while preserving the ability to improvise based on the moves of an opponent. 此段文字引述自：Ferraro, F, Etzion, D., and Gehman, J. 2015. *Organization Studies*, 36(3): 363-390. 萊佛對西洋棋局的研究所發現的柔韌行動（robust action），被認為是柔韌設計概念的濫觴。

2. Scott, W. R. 2014. *Institutions and Organizations* (4th ed.). Los Angeles, CA: Sage.

3. 此處引述的數據資料來自聯合新聞網，詳細請參考新聞網頁：https://udn.com/news/story/6885/3834933。

4. Reay, T., Golden-Biddle, K., and Germann, K. 2006. Legitimizing a new role: Small wins and microprocesses of change. *Academy of Management Journal*, 49(5): 977-998.

5. Munir, K. A. and Philips, N. 2005. The birth of the 'Kodak Moment': Institutional entrepreneurship and the adoption of new technologies. *Organization Studies*, 26(11): 1665-1687.

6. Zilber, T. B. 2002. Institutionalization as an interplay between actions, meanings, and actors: The Case of a Rape Crisis Center in Israel. *Academy of Management Journal*, 45(1): 234-254.

7. Vaughan, D. 1990. Autonomy, interdependence, and social control: NASA and the Space Shuttle Challenger. *Administrative Science Quarterly*, 35(2): 225-257.

8. 同注釋3。

9. 陳蕙芬，2015，〈柔韌設計：化制度阻力為創新助力〉，《中山管理評論》，第1期，第23卷，13-55頁。

10. Pedersen, E. R. G., and Gwozda, W. 2014. From resistance to opportunity-seeking: Strategic responses to institutional pressures for corporate social responsibility in the Nordic fashion industry. *Journal of Business Ethics*, 119(2): 254-264.

11. Ang, S. and Cummings, L. L. 1997. Strategic response to institutional influences on information systems outsourcing. *Organization Science*, 8(3): 235-256.

12. Miller, D., Wright, M., Breton-Miller, I. L., and Scholes, L. 2015. Resources and innovation in family businesses: The Janus-face of socioemotional preferences. *California Management Review*, 58(1): 20-40.

13. Covaleski, M. A. and Dirsmith, M. W. 1988. An institutional perspective on the rise, social transformation, and fall of a university budget category. *Administrative Science Quarterly*, 33(4): 562-587.

14. Clemens, B. W., and Douglas, T. J. 2005. Understanding strategic responses to institutional pressures. *Journal of Business Research*, 58(9): 1205-1213.

15. Bouquet, C., and Birkinshaw, J. 2008. Managing power in the multinational corporation: How low-power actors gain influence. *Journal of Management*, 34 (3): 477-508.

16. 制度邏輯影響制度施力的方向，參見：Thornton, P. H., and Ocasio, W. 1999. Institutional logics and the historical contingency of power in organizations: Executive succession in the higher education publishing industry, 1958-1990. *American Journal of Sociology*, 105(3): 801-844.

Almandoz, J. 2014. Founding teams as carriers of competing logics: When institutional forces predict banks' risk exposure. *Administrative Science Quarterly*, 59(3): 442-473.

17. Pache, A. C., and Santos, F. 2013. Inside the hybrid organization: Selective coupling as a response to competing institutional logics. *Academy of Management Journal*, 56(4): 972-1001.

18. Malhotra, N., Zietsma, C., Morris, T., and Smets, M. 2021. Handling resistance to change when societal and workplace logics conflict. *Administrative Science Quarterly*, 66(2): 475-520.

19. 這需要理解制度力施展與創新者回應的微觀過程，參見：Johnson, G., Smith, S., and Codling, B. 2000. Microprocesses of institutional change in the context of privatization. *Academy of Management Review*, 25(3): 572-580. Binder, A. 2007. For love and money: Organizations' creative responses to multiple environmental logics. *Theory and Society*, 36: 547-571.

20. Martin, G., Currie, G., Weaver, S., Finn, R., and McDonald, R. 2017. Institutional complexity and individual responses: Delineating the boundaries of partial autonomy. *Organization Studies*, 38(1): 103-127.

21. 唐納‧諾曼（陳宜秀譯），2014，《設計的心理學：人性化的產品設計如何改變世界》，臺北：遠流出版。

22. 原文為：Everyone designs who devises courses of action aimed at changing existing situations into preferred ones. 請參考：Simon, H. A. 1996. *The Sciences of the Artificial*. (second edition) Cambridge, MA: MIT Press.

23. Glaser, V. L. 2017. Design performances: How organizations inscribe

artifacts to change routines. *Academy of Management Journal*, 60(6): 2126-2154.

24. 柔韌設計最初觀念的提出請參考：Hargadon, A. B., and Douglas, Y. 2001. When innovations meet institutions: Edison and the design of the electric light. *Administrative Science Quarterly*, 46(3): 476-514.

25. Bechky, B. A. 2003. Object lessons: Workplace artifacts as representations of occupational jurisdiction. *American Journal of Sociology*, 109(3): 720-752.

26. 李慶芳，2012，〈跨界合作與學習知搜尋模式：半導體異常排除之案例研究〉，《組織與管理》，5(2)，137-182頁。

27. 物件中會內嵌各種象徵性意義與感情，反應創新者對制度的回應巧思，參見：Rafaeli, A., and Vilnai-Yavetz, I. 2004. Emotion as a connection of physical artifacts and organizations. *Organization Science*, 15(6): 671-686. Jones, C., Meyer, R. E., Jancsary, D., and Höllerer, M. A. 2017. The material and visual basis of institutions. In R. Greenwood, C. Oliver, T. B. Lawrence, and R. E. Meyer (Eds.), *The SAGE Handbook of Organizational Institutionalism*, 621-646. London, UK: Sage.

28. Glaser, V. L. 2017. Design performances: How organizations inscribe artifacts to change routines. *Academy of Management Journal*, 60(6): 2126-2154.

Chapter 03

溫氏效應——
五卡喚起的教學熱情

Wen's Effect:
Evoking Passion by Learning Cards

「長久以來，老師們以為所有的教學方法都要仰賴上面供給，
結果忽略自己的力量。這股力量來自珍視教學現場實務經驗，
以及對自身專業的尊重。」

——國立臺南大學附設實驗國民小學教師　溫美玉

許多面對制度力打壓的創新者以為，達成創新成效最快的方法就是「改革」，像是用新的方案取代既有方案，或是推翻舊有的制度。當一個創新者不能說是錯誤，但卻常要慘烈犧牲才能得到些許成效。有沒有更好的方法？柔韌設計的基礎就是「創新者善用制度的能力」，必須學會不敵視制度力帶來的限制，並從中找到能反過來利用的著力點。創新者必須善用這樣的思考技巧，才能分析出創新之所以窒礙難行的原因，以及其背後複雜的制度力是哪些。柔韌設計的思考習慣不易一下就養成，所以許多創新推動者常常一不小心又陷入與舊體制「對抗」的迴圈。其實，就像是舞一曲探戈般，將制度力化作你的舞伴，在學會擁抱、用心理解、進而能預測對方每一個舞步後，自然也就懂得如何回應。

那麼，創新者如何化解制度力帶來的限制？又要如何從中找到能反過來利用的著力點呢？本章先就制度力最強，但你我又最熟悉的情境之一——國小教學現場來分析，分析在教學工作上創新者所遇到的阻力，接著介紹這位主角的背景，說明她的回應策略。最後，我們拉高一個層次來解讀溫老師如何就柔韌的角度以力治力，反過來利用教學現場的阻力作為解套的助力。

一、制度阻力：教學現場的束縛

在實務現場，許多教育的從業工作者會淪於三大窘境中。第一，經常誤解改革就是推翻。就算不願正面衝突，也不知該如何

順應而為。第二，經常搜集大量的參考資料，卻發現只能複製表面的創新，缺乏實益。第三，忙大半天，無奈發現成效有限時，只能茫茫然地放棄，找尋下一個突破口，徒費心力。如何從制度的脈絡下手找解答？溫老師以多年教職經驗為根基，招集約十二萬名「溫老師備課Party」成員，策略性地回應教育現場的三項制度力。

(一) 備課的束縛：備課成背課，心有餘而力不足

在教學準備階段，教師手冊與能力指標是兩項制度的制約力量。教學手冊的制約讓備課常常成為「背課」的現況。教師無論教學資歷淺或深，新手教師多因「遵從」教師手冊而無意識地將手冊裡的知識內容生搬硬套。資深教師則由一開始的遵從，到多年後依「慣性」為之，因為每年都這麼教，並無更新教法的需求，照本宣科也是自然而然。一位任職剛滿兩年的現任教師就曾表示：

> 「我也想要教一些不一樣的課呀！但現實沒有辦法，我們有固定的教學目標，是否有達到是我們教師應該要做的責任，而每天有每天的教學進度，所以想創新是心有餘而力不足，也沒有人能幫助我們解決眼前這些問題，因為大家狀況都一樣。」

教師手冊原本僅為教學的輔助工具，為何會成為「背課用書」呢？九年一貫的能力指標是關鍵。該指標決定教學的目標，

教科書、教師手冊的編寫也據此而生，規定教師要完成的教學內容與分量，能力指標在三個層面上影響教師備課。首先，能力指標是教科書重要的骨架。依據〈教科書評鑑指標〉，教材內容的完整性為教科書評鑑的重要指標之一。所謂完整，係指教科書編輯是否涵蓋該階段所有的能力指標，若沒有達到基本能力指標之學習量，便無法通過國家教育研究院的審查。

　　能力指標也無意之間成為備課束縛的繩索，學校層面的課程都與能力指標掛鉤。在九年一貫總綱中明文規定學校課程計畫須參考能力指標，方式上會將「領域及議題能力指標」與「教學期程」、「主題或單元活動內容」、「教學節數」、「使用教材」、「評量方式」等並列呈現。以某國小一年級國語文課程計畫為例：開學第一週預定用五堂課教第一課〈娃娃〉，目標為須達成「能正確認念注音符號」等17項能力指標內涵與其子項，並透過觀察、口語等評量方式檢驗學生學習成果。

　　能力指標更是評估教學成效的度量尺。教師專業發展評鑑是根據教學評量表，在課程設計與教學層面下有「研擬適切的教學計畫（教案）」項目，該評鑑指標的參考檢核重點第一條就是「符合課程單元的教學目標（分段能力指標）」。能力指標也是教師編寫考卷的圭臬。教師常被校方要求填寫「雙向細目表」，此表展示出測驗的架構藍圖，描述一份測驗中所應該包含的內容以及所評量到的能力，各以教學目標和學習內容為兩軸，分別說明評量目標，學習內容的範圍需覆蓋課程大綱，能力指標則成為鎖定教學重點的瞄準鏡，作為重要的命題依據。服從能力指標與

教師手冊、教科書，便成為備課的標準。

　　教育現場是根據2016年教育部頒布的《教師專業標準指引》指出，教師應「參照課程綱要與學生特質明定教學目標，進行課程與教學計畫」，教學計畫在實務上就是教案撰寫。各縣市為提升教學品質，明令學校訂定寒暑假備課日，要求教師返校一起準備課程，希望能促進年級與領域間的交流。但在執行上，此活動常被安排成增能講座或行政會議，並非課程準備。即使學校沒有另外安排活動，老師通常也會選擇回到自己的班上打掃環境，而非與同僚討論新學期的教學規劃。備課日成為學校的形式化活動。因此，教師在社會、教育主管機關、學校、同僚和家長的多重制度壓力下，大多數選擇服從，以教科書與教師手冊為教學依據，不能、不想或不敢規劃教學創新。

　　國小老師想自主備課，心有餘而力不足。在自身面，雖有些教師思考如何改善教學，但教學準備與教師個人的經驗與視野有密切的關係。受限於教師的學習經驗，如果沒有在其培育過程中，提供足夠的能量去激發創新潛能，他們對教學的想像就會趨於單一。教師通常不太容易「無師自通」，且容易複製自己的學習經驗，難以跳脫原本師範教育的認知框架。例如：一位偏鄉教師聊到在臺灣教育掀起翻轉教室熱潮時[1]，他的窘境：

　　「那時是佐藤學大紅大紫的時候，我也很想試試看他所推崇的『學習共同體』教學理論，向學校反映可不可能辦工作坊，聘外部專家來教我們怎麼做，卻因為我們這裡交通不

方便、人力資金等都不夠，而沒譜了……最後我只能一個人
用教室的電腦，在網路上查什麼是學習共同體，透過幾篇報
導，猜測該如何在課堂上操作。」

　　缺乏可以共同砥礪的夥伴，這也是教師自主備課困難的原
因。教師間交流不易，導師多數時間需要待在自己的班裡，或者
站在講台上，教授國語、數學等科目，或者坐在導師桌前，批
改學生的作業和聯絡簿，導師通常只能利用連續的科任課「放
風」，和其他老師交流。進行教學討論，要先有討論的對象，老
師的空堂時間不盡相同，要湊在一塊並不容易。

　　教師要對同儕坦承自己的困境並不容易。在臺灣的教學傳統
中，老師被視為權威，知識更被認為有「標準解」，而學生最重
要的任務就是了解與背誦。教師一職背負著「無所不知」的刻板
印象，需要勇氣才願意求助，且害怕暴露弱點後會被嘲笑、傷及
自尊等皆是人之常情。另外，能否找到有能力且願意協助解決問
題的同儕，亦是未知數。

　　上述在教學準備階段的這兩大窘況：備課成背課、自主備課
難，來自於老師對法規與環境「遵從」而造成的束縛力，讓老師
備感無助，不過這在教學現場也已是看慣。第一線的教育工作者
縱使不滿意，卻也強迫自己習慣，很多問題已經融入為制度力的
一部分。如同溫水煮青蛙，或是像印度空氣汙染指數一直都遠超
過世界標準，但當地的人民也習以為常。這是危險的，備課是整
個教學品質的根基，亦是創新教學的母床，弄不好，其影響力是

層層滲透，遠不僅此的。我們可以從下面的課程進行現況窺知。

(二) 課堂的制約：失去發言權，框架效果限制思考

照理來說，課程進行應是在整個工作階段中教師最開心的一環。就如同製作冰淇淋的匠人，把整車用心製作完成的商品推出來，顧客購買時可以聊聊自己的得意之作，也是對顧客意見回饋充滿期待的階段。縱使教師總是希望現場學生能給予他們的教學多一些正向的回饋，但實際教學現場卻大多沒能發生這件事。

以國語課的教學為例，一課國語的教學應包含全文引導、字詞教學、課文深究、綜合活動及習作指導等五個階段，而其中的「課文深究」包含課文的內容深究、形式深究和形近字、語句的練習。這部分教師手冊通常會附上賞析，雖註明「僅供參考」，卻常有「過度參考」之實，至於「背注釋」更是死板，老師甚至要求要與課本上一字不差，學生光是要讀懂、熟記課文就手忙腳亂，罔論思考自己是怎麼看這篇文章。因為有進度的壓力，多數教師採取統一問答的方式，教學步驟是先將課文逐句改成問題，請學生回答後，老師再解釋句意強化印象。過程中時而介紹修辭、補充成語，時而說明段落大意、總結課文道理。老師該教的都有教到，學生的課本上有滿滿的筆記，課堂上你問我答，看似井然有序，背後卻隱含著三個問題。

第一，發言權的結構僵固。當班上的學生被說「很乖」，老師總是特別驕傲。什麼是「乖」？「乖學生」是指他們很安靜，讓老師在講台上把該說的話都說完，老師要他們做什麼就去做什

麼。學生保持沉默，把話語權全數交給老師，老師才能在有限的課堂中，講解越多的知識。近年來教育現場鼓勵師生互動，老師和學生看似有問有答，但回答的形式卻不外乎兩種。

一種是全班集體回答，讓老師「認為」全班多數人能理解，卻也有可能是少數領導多數，大家跟著會的同學一起回答。縱使多數人真的都能理解，但在集體回答的情況下，老師很難知道有沒有沉默的少數存在，也無法知道誰需要協助。另一種是舉手回答，看似是老師將發言權交給學生，卻更容易排擠掉動作慢、害羞和需要老師幫忙的同學，無形中也默許教室的話語權集中在某些學生身上。無論是哪一種，都有可能讓課堂只有少數學生在參與。整堂課由老師主導，即便有些學生提問，也都是「有標準答案」的問答，學生沒有太多發表想法的空間，久而久之，學生從擁有想法、不知道怎麼表達，變為自己的想法逐漸消散。

第二，學生侷限於認知的框架。雖然教學手冊強調要培養學生提取訊息、推論訊息、詮釋整合、比較評估四層次的「深度閱讀」力。無奈，多數老師囿於時間壓力而被迫放棄，或是直接捨棄太深入的討論，認為只要讓學生了解每個句子的意思，自然就有能力回答。以四年級國語課的〈松鼠先生的麵包〉課文為例，課文大致是有關松鼠想做好吃的麵包，卻一再失敗，過程中朋友來幫忙，以此彰顯「失敗為成功之母」的道理。教師的提問包含：「松鼠先生從開始嘗試，到最後成功做出美味的麵包，經歷哪些階段？」、「松鼠先生的成功需要哪些條件？」、「這個故事要告訴我們什麼道理？」等理解性問題。這些問題都需要老師

投資多一點時間進行引導，討論才能有所成效。

　　學生受到老師的引導暗示，也習以為常，認為國語課就是要弄清楚字面上的意思，而花費較少心力去感受文章背後的意義。這樣會有什麼問題嗎？答案絕對是肯定的，在華人社會中普遍缺乏情緒教育，對於感受常是「諱而不言」。課文教學多數會將重點放在文意的理解，並期待學生能提出文章給人的啟示。然而，教師鮮少花時間引導學生去感受文章中角色的情緒，或作者想要表達的深意。也因此，學生養成習慣，把思考停留在表面理解的層次就感到滿足，也認為學習就僅是如此。

　　第三，欠缺引導思考的階梯。即便老師有意引導學生思考，學生也樂意為之，但引導思考並不容易。在四年級的課文〈孫悟空三借芭蕉扇〉，是將傳統名著《西遊記》改編為劇本，描述唐僧師徒經過火焰山，向鐵扇公主借芭蕉扇的段落。本意是希望學生能透過人物對話，認識傳統名著。這是最方便讓上課氣氛活絡，適合引導學生角色扮演的題材。但在上課氣氛活絡之餘，教室內卻發生以下狀況：

師：「鐵扇公主在課文中的心情有什麼變化？為什麼？」

生：「…………」

師：「有沒有人想試著回答看看呢？」

生：「…………」

師：「那我只好抽號碼囉！」

　　面對這樣的課堂提問，學生經常像是面有難色，開始閃避老師的眼神。最後，為了讓課堂順利進行，教師只得用抽籤或隨機點人回答來收尾。為什麼這個問題答不出來？這樣的例子在教學現場屢見不鮮，學生常常會被老師拋出的「問答題」嚇著。突然要在沒有引導的情況下，判斷文中角色的感受，不管是成人、小孩都很容易手足無措。於是，面對這種問題，學生往往會陷入一片寂靜，等待幾個反應比較快的同學救場，或是和老師比賽誰能耐得住沉默。反正，最後總是會有人忍不住開口，多數人只要靜待「標準答案」降臨即可。

(三) 同形的影響：單一檢驗標準，尊同而不求異

　　阻力之三是扼殺所有創新者熱情的關鍵。制度對「不一樣」的教學投以異樣眼光並予以否定，導致老師只好趨同，讓其他想創新的人噤若寒蟬。這可以分兩方面說明：單一的檢驗標準與尊同而不求異的制度文化。

　　第一，單一的檢驗標準。教學創新無論過程再怎麼精彩，最終都必須面對環境的標準檢核。受到歷史文化因素等影響，臺灣社會整體而言非常在意考試成績，即便是沒有升學壓力的小學也不例外[2]。在小學裡，隨著年級越高，家長與學生的焦慮感會越強烈，除了在畢業時校內會有「畢業考」，更多家長在意的是緊接而來的「國中入學考」。雖然教育部規定要常態編班，但部分學校為了「績效」，總會私底下動一些小手腳，比如開設特殊專才班的資優班。家長對這類消息永遠比教育部更加敏銳。他們對

於國小銜接國中的焦慮，往往變成老師肩上的壓力。老師為回應家長的期待，不得不隨之調整教學內容，讓學生能夠交出漂亮的成績單，於是強化「考試領導教學」的模式。一名教師憂心忡忡地表示：

> 「我很努力地教孩子，也自己課後留學生補救，但期末考數學仍有五人不及格。考卷是我出的，而且有活潑主題且數字簡單不難，別班孩子也喜歡，覺得有趣，但就是考不好。」

即便是能夠辨識學生多元特質的好老師，仍然不敵環境檢驗的壓力，一名注意到學生特質的老師表示：

> 「我知道他（指學生）是魚，給他水池悠遊，可是，不敵環境，最後自己還是鼓勵他像隻猴子，好好爬樹。」

教師在面對社會、學校、家長、同儕等多重壓力下，偏向於服從制度所提供的「檢驗標準」。這包括顯性的學生成績、班級表現，也包括隱性的教師績效標準、社會對教師的期待等。制度檢驗標準具有正當性，只要順從，就不需要擔心各界可能提出質疑；若發生問題，教師也有依靠的合法性，也就是「別人怎麼做，我就跟著怎麼做」，因為這樣子最安全。

第二，尊同而不求異的制度文化。逐漸地，教師開始發自內心地認為做什麼都沒有用，而不願意再多做嘗試。追根究柢，教育體制不會量化教師的績效，多數教師是同工同酬。薪酬與年資

掛鉤，是否要改變自己的教學，全憑個人意志，不會有人用考績逼著老師重新設計課程。反過來說，教師花大把的時間去研習、做翻轉教育，也都只是變成「做功德」的誤解，逐漸侵蝕有意創新的教師之心靈。創新不會有任何的額外獎勵，形成一種尊同而不求異的情形。一位受訪的小學現場教師就曾偷偷透露：

　　「其實我一直很想試試跨領域教學合作，也有過在學年會議上提出來的念頭，但是我們的學年主任是一個很強勢又保守的人，只要一想到他一定會第一個跳出來否定我的想法，我就很害怕，也沒有動力去做。」

　　最好不要標新立異、家長會抱怨、校長與主任會質疑的想法就漸漸地深化，當深入到「走心」時，再加上種種教學現場的現實，讓許多躊躇滿志、企圖改變教育大環境的教師，都在這些問題面前敗下陣來，又回到填鴨教學的老路。制度立意並非不良善，都是想解決問題，但從以上的分析可知，卻會造成教師從備課、教學到評量，每個階段都使意圖創新的教師綁手綁腳，讓人感到無助、無言又無奈。這三個制度阻力的內涵，統整於表3-1。

表 3-1：教學場域的制度阻力

制度阻力	備課的束縛	課堂的制約	同形的影響
內涵分析	阻力類型：R-法規體系 說明：能力指標是教科書的骨架，學校的課程與其息息相關，成為評估教學成效的標準，統一進度、統一考試形成壓力。	阻力類型：N-社會規範 說明：無論是全班集體回答或是舉手回答，哪一種教室互動都僅有課堂少數學生參與。	阻力類型：C-文化認知 說明：教師在面對多重壓力下，偏向服從制度提供的檢驗標準。
阻力造成的結果	備課成「背課」 說明：各科目的課本皆配置教學備課手冊，新手教師先是遵從、依賴這份手冊，成為資深教師後更是因為慣性已經養成，備課變成僅是熟讀、背誦手冊的過程。	失去發言權 說明：華人文化中對乖學生的定義，大多仍停留在學生保持沉默，專注吸收上課內容，才是乖。學生沒有太多發表想法的空間，久而久之，教室內是越來越安靜，只剩下教師一人獨角戲。	單一檢驗標準 說明：國民義務教育由學生的成績表現來定義優劣與否。小學階段正是學童的起跑點，教師面對個別家庭，至整個社會的單一標準檢驗習慣，能做的相當有限。

制度 阻力	備課的束縛	課堂的制約	同形的影響
阻力造成的結果	自主備課心有餘而力不足	侷限於表面理解	尊同而不求異的文化
	說明：教師努力思考如何改善教學，卻因自身的學習經驗不豐富而受限，且缺乏共同學習砥礪的夥伴。就算有，教師要對同儕坦承自己的困境也並非易事。	說明：教師迫於課堂時間有限，鮮少花時間引導課文中情緒的流動。學生慣於把思考停留在表面理解層次，但認知線索並無法自然地達到情意理解，十分可惜。	說明：創新就像是標新立異、不受歡迎的象徵，即使花時間鑽研進修，也不會有任何的額外獎勵，最終不再願意嘗試，形成一種惡性循環。
		欠缺引導思考的階梯	
		說明：學生無法從認知層次，直達情意層次的理解。教學現場缺乏好的導引設計，也因此要求學生在沒有引導的情況下，判斷、同理文中角色的感受，是難上加難。	
備註	R：法規體系(Regulations)，N：社會規範(Norm)，C：文化認知 (Cognition)		

二、創新設計：有備五喚的舞會

　　溫美玉老師是學生口中的「魔法老師」，但魔法絕非偶然而生。溫老師擔任國小老師三十年，撰寫教學案例是她創新的基礎。她創辦「備課Party」，成為教師共同備課的線上社群[3]。到2021年5月止，共計有十二萬餘名成員，這個社群帶動教師備課風氣。溫老師設計出語文科「五卡一板」的教學輔具，豐富課堂互動，亦被小學教師廣泛採用。溫老師是如何引領團隊化解制度阻力？這個社群無意地引發教育界的「溫氏效應」，讓上萬名老師一同加入教育創新的行列。這項創新關鍵就在備課Party、五卡板與讀寫板。

(一) 搭建歡樂Party的備課機制

　　提到Party（宴會派對），首先會想到有一位熱情的主人，深受大家愛戴，人脈也很廣，愛呼朋引伴，更喜歡熱鬧。每當有機會辦Party，一定把所有認識的人都邀請過來，像是身邊工作上認識的菁英人士、自小玩在一起的玩伴、朋友與朋友的朋友、甚至一些慕名而來求認識的粉絲。Party主人為了讓賓主盡歡，場地選定之後，會以特定主題來布置會場，並準備輕鬆活潑的音樂、好入口的食物與濃淡齊全的飲品酒水。這些會場中的布置、食物、酒水，除了原本的功能之外，也作為賓客間的話題備案，是聊天時好用的破冰話題。籌備時間如果足夠，Party主人還會準備互動遊戲，期望讓賓客留下美好的回憶。

　　備課Party是一個以備課為主題，由溫美玉老師作為主人的派對，但具備超過一般派對所擁有的設計。很多人誤會，只要宣布派對開始，賓客就會自然啟動交流模式，人際之間可無話不談。其實，派對中只有部分善於社交的賓客才會主動與人交流，有不少賓客仍然呆立覷睨。一個成功的派對還需要一名富有魅力的天后。

　　溫老師如何會成為備課派對天后呢？除了溫老師獨有的熱情特質與身為教師的使命感使然，影響甚鉅的人物是她就讀國立臺東大學師範學院期間的恩師吳英長。吳老師認為，教育領域應學習醫科與商管對案例的重視，以「教學案例」培養教師解決問題的「專業度」。教學案例呈現出教師面對問題的系統化思考方法，從問題的脈絡到原因、擬定方法與評估方案等，透過撰寫過程，教師能回頭檢討隱微未見的教學理念，增加對問題的敏感度。

　　遵循恩師的教誨，溫老師自2007年擔任臺南大學進修部教師增能班的講師開始，透過演講、工作坊等課程，積極地累積人脈與廣邀同好。這時的溫老師已有Party主人的自覺，但要能成功舉辦派對，除了網羅同好，更要找到適當的舉辦模式。透過無數次的討論，得出初步的藍圖：建立一個公開的語文科教學平台，讓各地教師可以在上面分享教學成果，並改善自己的教學方式，也能讓其他老師能夠參考學習[4]。

　　2013年，溫老師將累積六年的語文科教學成果彙整作為素材，開始經營「溫老師備課Party」臉書社團，邀請過去和她一

起切磋的老師分享自己的教學案例，讓各自準備的「教案」演變為平台上「較案」，引發更多的討論。溫老師並非一般認知中形象嚴肅的臉書社團管理人，她運用三個設計原理建構出派對天后的角色，受到成員的愛戴。這是「化無聊為交流」的派對化歷程。

設計一：Party有明確的動線、擺設及引導。「溫老師備課Party」臉書社團上有各式各樣的教學資源，除了教學案例為大宗之外，還有教師自行研發教具（如學習單）、學生作品、課文對應補充資料（如文章、繪本）等。資源豐富化，但檢索簡單化，為參與的國小老師搭起互動橋梁。隨著視聽習慣的改變，亦發展出課程直播、教學短片等數位資源。備課Party每天會有十多篇貼文，貼文可能是任何科目、任何版本、任何年級的任何一課。為了讓教師以最快速度找到所需資料，版主設立準則來引導各式貼文。

貼文強調以教學案例為主，發文者自行加上關鍵字以便檢索。關鍵字除了科目、版本、年紀、單元名稱、相關議題，也能放上教師的名字或代號，讓搜尋者能一次看到過往的教學設計，無意中也建立起自己的社群品牌。不同類型的資料可回應不同的備課需求，教具可以讓有教學需求的教師直接使用，無須花費太多時間構想，也不需要太多教學經驗，新手教師只要照著操作說明就能快速上手。各教學案例亦呈現其他教師是如何規劃一章節、一單元的課程，教師可如法炮製，也能視班級情況進行調整。

　　設計二：適時推出熱門話題。這是善用教師任務的同時性與同質性。老師經常在同一時間要執行類似的任務，每位老師雖身處異地異校，且面對不同學生，但因教育部統一的運作規律，使得老師於各時間點都在做差不多的事。例如：教師的教學案例分享通常會與學校的課程進度相關。在這些特定日期，許多老師會抱著特定目的來平台尋找相關教學案例，並且很可能現學現用。有次溫老師在開學日（全國統一日期）分享如何利用「五卡」幫助轉學生破冰，列出操作性的步驟，讓其他教師也能馬上使用，該篇貼文就有許多教師熱烈迴響。

　　設計三：建立派對機制，確保井然有序的歡樂。無論是新手教師尋求幫助，還是想要改變的資深教師，在備課Party上都能放心問，不用害怕「問笨問題」，也能夠正向地分享自己的教學案例，不害怕成員有異樣眼光。積極的討論能推進更精進的教學，這樣的溫柔互動，讓備課充滿歡欣。

　　成立這樣溫暖又正向的交流平台，是所有創新者夢寐以求。在社團中，常可以看到溫老師「親身上陣」，像灌溉自己撒出去的每顆珍貴種子般，回應教師所貼的教學分享。不僅是正向的稱讚，而且具體地點出教學亮點，讓回饋除了是精神上的激勵，也能實質上促進教師教學的進步。溫老師的「現身說法」，讓其他的教師有樣學樣，使得社群的互動十分熱絡，更增加教師分享的意願。溫老師更在形式操作上順應教師的職業特性，她深知鼓勵教學分享的最佳辦法，就是讓分享的教師有認同感，也就是要讓教師的努力「被看見」。

表 3-2：Party 的社團交流規則

交流規則	注意事項	設計原則
保持友善和禮貌	打造友善的環境是所有人的責任。適度的辯論當然合乎常情，但請別忘了保持友善，尊重他人。	Party主人導氣氛：創造交流提問的活絡氣氛。
禁止仇恨言論或霸凌	為了確保所有人都能感到安心，我們不允許任何形式的霸凌行為。包括任何有關種族、宗教、文化、性取向、性別或個性的嘲笑留言。	Party主人立規矩：建立秩序性，友善與威嚴並存。
尊重所有人的隱私	雖然開誠布公的討論有助於社團成長、茁壯，但也要注意到敏感議題和個人隱私，請勿四處張揚社團討論的內容。建立起成員間的信任感才能徹底融入社團。	Party主人設底線：建立互動範疇，客人聊天可觸話題有眉目。

　　其次，明確規範「正向」與「感激」的社團條例。例如可見到：「6. 正向：積極正向表達，勿謾罵、取笑學生等失禮語彙。」「9. 感謝：為精實訊息量，感謝按讚即可，免感謝文。」由溫老師明定的版規，免除社團內發問者或回答者在互動上的疑慮，也幫助社團中的老師更願意踏出教師個人的小圈圈，真正地加入社團這個大家庭。

　　除了線上的互動，線下也有溫暖的團聚。2013年開始，溫老師打破由學校或縣市教育單位主導研習的傳統，讓老師化被動為主動，固定在每年寒暑假舉辦「三不、四沒有、五特色」的自主性國語科閱讀寫作研習。三不為：不強迫、不點名、不收費。四

沒有為：沒有行政人員、沒有經費、沒有研習時數、沒有便當點心。五特色為：研發的教材完全貼近教學現場、教學分享自在無壓力、研習現場溫馨歡樂、創意教材大發現、開學前已將課程預備好。老師的教學實務從上場前抱佛腳的「背課」，轉為開心的「備課」。在線上結緣、想要更進一步交流的老師，也能在線下齊聚一堂，創造更多資源回饋於線上，形成良性循環。接著，溫老師開設工作坊，讓老師親身參與，成員除了感受溫老師的教學魅力，更因換位思考，理解到學生可能面臨的困難，因此成效卓著。

　　這樣的交流平台得以建立，還要仰賴人和、地利、天時。第一，人對：創建交流平台並不是任何人隨機號召都會引起效應，資深的溫老師主動站出來表達分享的意願，也以對話互動展示關懷，無疑是強力的心靈支持。第二，地點對：隔著網路，教師能在自己最安心的私人空間發言，有效舒緩求助可能會帶來的不自在。第三，時間對：現代人忙碌到沒時間的問題被考慮進去，讓請益與討論不受時間限制，有空者自由參與，彈性高就沒壓力，成員呼朋喚友而來。

(二) 一板五卡促進活潑互動

　　如果把課程類別考慮進來，國語課中會用到的教具不外乎就是生字卡，自然課會想到實驗用的燒杯，數學課則是教數數用的雪花片。教具的目的是幫助教學，但這些教具存在一項共同的問題：就是過度在意提升教學的方便性，而忽略學生的學習過程。

教科書廠商基於要說服學校採購，會站在教師的角度去設計教具。教師在教學上用起來看似得心應手，但學生學習起來卻未必如魚得水。國語課常被使用的「生字卡」設計，就是將課文的知識性資訊如部首、筆劃、注音等內容，彙整在一張字卡上，輔助學生歸納字詞重點。這確實能幫助到教學，但其實生字卡對學生的學習卻是可有可無。

　　許多教師要求學生在課前查字典，補充自己有興趣的字詞於課本中，在上課中提出來討論。也有教師讓學生分組競賽，為某個生字補充越多的生詞。這些活動都比一個空有彙整功能、缺乏設計原理的生字卡還能幫助到學生。那教師為什麼要大費周章，準備一堆對學習並無實質幫助的物件呢？這源自於師生角色傳統的社會規範，師上生下、師尊生卑、師說生聽，導致現有教具的設計均以教師角度來設計，目的在輔助教學。

　　溫老師認為，師生的社會規範還會造成互動的「斷線」，成為教學現場的問題。老師口沫橫飛，學生振筆疾書，是最常見的教室風景。學生自己做筆記，吸收理解看各人造化。在傳統的講述式教學中，節奏通常十分緊湊，學生甚至來不及消化老師的說明，只能看到、聽到什麼寫什麼。在這樣的情況下，要掌握學生即時的學習狀況是不可能的事情。近年興起的合作學習，課堂實施上常淪為小組討論，雖然活動不斷，卻也常見學生在台下各說各話。課堂上的安靜或熱鬧與否，不能視作學習參與的指標。真正的參與，絕不是有沒有開口說話，而是師生間是否產生對話。溫老師點出，師生互動是檢視學生認知歷程的重要方法。一場好

的師生對話要發生，需要有明確的主題和通暢的溝通，老師必須主動創造這兩個條件。前者取決於老師對課程內容的掌握度，後者則需要透過設計。溫老師研發出來的國語課教具「五卡」，提供五個教具設計的特點，目的是牽動師生間的互動。

　　溫老師研發出來的「五卡」，包含情緒卡、性格卡、人物行動卡、我的觀點卡、六星寫作卡[5]。「情緒卡」包含55種情緒，如快樂、難過、緊張、放鬆等。「性格卡」包含55種性格，如勤奮、懶散、大方、害羞等。「人物行動卡」包含18種行動，包含面對、求助、攻擊、省思等。「我的觀點卡」包含9種正向、中立、反向的觀點。「六星寫作卡」則包含寫作的6個重點。課堂中教師將空白的五卡板發下去給學生，並依循五卡中豐富的詞彙及思考素材，配合教師的口頭引導進行課程。這份空白的五卡板，是讓學生在上面記錄自己的想法，隨著教學中師生互動的歷程與內涵，空白逐漸變成東圈西圈、五顏六色，讓學生思路透過這樣的歷程逐漸清晰。五卡板的功能設計有四個特點，上半部將情意特性的教育目標分為情緒與性格，各有55種子項目導引線索；下半部為行為與觀點表述與相關範例，如圖3-1所示。

圖 3-1：五卡板的四項功能設計

溫老師五卡板　　　　　　　　　　　　　　　　　姓名：

情緒					性格				
快樂	放鬆	安心	滿意	欣賞	勤奮	熱情	果決	自制	禮貌
興奮	舒服	期待	欣慰	著述	專注	誠懇	勇敢	創意	穩重
驚喜	平靜	解脫	甜蜜	陶醉	體貼	冷靜	獨立	剛強	謙虛
痛快	滿足	充實	感動	仰慕	慈悲	聰慧	慷慨	寬容	自信
狂喜	幸福	自豪	感激	敬愛	大方	謹慎	溫和	正義	堅持
失望	不安	煩悶	無聊	矛盾	懶散	害羞	固執	虛偽	軟弱
疲憊	緊張	挫折	尷尬	羨慕	草率	愚蠢	自卑	浮躁	冷漠
委屈	擔心	嫉妒	驚訝	後悔	畏縮	依賴	暴躁	狡猾	冷酷
難過	害怕	生氣	討厭	丟臉	任性	小氣	保守	嚴厲	自大
孤單	驚慌	憤怒	愧疚	懷疑	貪婪	卑鄙	殘暴	貪心	挑剔
悲傷	恐懼	抓狂	震驚	無奈	武斷	傲慢	多疑	自私	陰險

人物行動	面對	洞察	挑戰	妥協	放空	隨緣	抱怨	宣洩	放棄
	求助	省思	征服	休息	等待	無怨	哭泣	逃避	攻擊
讀者觀點	我認為，因為……			我預測，因為……			我質疑，因為……		
	我喜歡，因為……			我期待，因為……			我不同意，因為……		
	我同意，因為……			我推斷，因為……			我的結論是，因為……		
六星寫作	1.標題／重點 2.適時／現象 3.文學／想像 4.動作／表情 5.對話／獨白 6.情緒／想法								

功能分析

① 情意導引線索：將情意特性的教育目標分類為：1.情緒，2.性格兩大類。

② 情意導引線索子項目：1.情緒55種，2.性格55種。

③ 行動及觀點表述區：推測角色行動的可能性，以及引導兒童提供自己的觀點。

④ 行動及觀點表述範例：教師可以鼓勵兒童運用18種行動線索，以及表述觀點的起始語範例。

圖 3-1：五卡板的四項功能設計

　　而五卡板的使用上有五個特點，促成學習者心理轉換，分述如下。

　　特點一：理論為基礎。在課堂教學時，溫老師運用的五種卡片都分別有文字、注音及插圖，適用於低年級至高年級的小學生。情緒識別卡與性格識別卡之設計主要根據心理學家之定義，前者包括「基本情緒類別」與「情緒感受強弱」去發展出代表詞彙，例如：開心、害怕、滿足、難過、驚訝、委屈等，後者則是列出幾個基本性格，例如：勇敢與畏縮、專注與浮躁等。

　　特點二：情緒成選項。對語文科教學而言，小學生縱使在文意理解上沒有問題，但是抽象的感覺理解與表達，對學生往往是吃力的，溫老師研發情緒卡，一方面能幫助學生理解他人與自己的感受，一方面能擴充學生的情感字彙量，將語文與情感教育緊密結合。人物行動卡是在面臨狀況時，孩子當下選擇何種解決方法，可分前進、後退、休止三組，使用詞彙，例如：挑戰、抱怨、攻擊等。我的觀點卡用於讓孩子熟悉正向、中立、反向的觀點句使用，例如：「我同意，因為……」「我不同意，因為……」等。六星寫作卡偏重於讓孩子擺脫流水帳及帶領孩子寫好作文的工具，例如：「標題／重點」、「事實／現象」等。透過爬梳課文內容，逐步完成角色情緒的圈選。在情緒卡的環節中，學生和老師一起從課文中角色的行為，找到對應的情緒。

　　特點三：情緒至行為。五卡將情緒、性格等抽象概念的形容詞，描述在實體的物件上，使孩子能運用此物件較快速地理解對方的語意或是想法，進行溝通或是解決問題，跨越溝通上的障礙。學生因此能配合課程，用白板筆圈選課文角色的情緒、性格等詞語。例如：五上的國語科〈鬼頭刀〉這課，學生不易理解，

情意意涵更難深入，溫老師讓學生邊聆聽課文，邊用「五卡板」圈選出文章中各角色，包含作者、鬼頭刀、海湧伯等人物於各卡中相符合的選項。由聆聽進入課文，避免在沒有心理準備下被課文「嚇到」，有任務地專注聆聽後，再打開課本，課文就變得一點都不難懂。下圖為學生分別用不同色筆代表作者、鬼頭刀、海湧伯三個課文角色，實際使用五卡板，圈選自己認為該三個角色情緒及性格的樣態，如圖3-2所示。

溫老師五卡板	作者 鬼頭刀 海湧伯 ①								姓名：**陳小佳**
情緒					性格				
快樂	放鬆	安心	滿意	欣賞	勤奮	熱情	果決	自制	禮貌
興奮	舒服	期待	欣慰	著迷	專注	誠懇	勇敢	創意	穩重
驚喜	平靜	解脫	甜蜜	陶醉	體貼	冷靜	獨立	剛強	謙虛
痛快	滿足	充實	感動	仰慕	慈悲	聰慧	慷慨	寬容	自信
狂喜	幸福	自豪	感激	敬愛	大方	謹慎	溫和	正義	堅持
失望	不安	煩悶	無聊	矛盾	懶散	害羞	固執	虛偽	軟弱
疲憊	緊張	挫折	尷尬	羨慕	草率	愚蠢	自卑	浮躁	冷漠
委屈 ③	擔心	嫉妒	驚訝	後悔	畏縮	依賴	暴躁	狡猾	冷酷
難過	害怕	生氣	討厭	丟臉	任性	小氣	保守	嚴厲	自大
孤單	驚慌	憤怒	愧疚	懷疑	貪婪	卑鄙	殘暴	貪心	挑剔
悲傷	恐懼	抓狂	震驚	無奈	武斷	傲慢	多疑	自私	陰險

②

使用範例分析

① 色塊分流導引：兒童選用不同的色筆，分別對應作者與文章中的角色們，有利換位思考與同理心訓練。
② 色塊導引選項：兒童依照不同的對應角色，用不同顏色圈選情緒與性格形容詞。
③ 思考衝突具象化：當產生有兩種以上角色情緒或性格判定重疊時，將有利兒童進一步思考其中含意，又或是有誤判情形，則得以被發現及釐清。

圖3-2：使用五卡板促成心理轉換

　　特點四：行為至性格。學生藉由歸納得知課文中各角色的情緒與行為，來推測出角色的性格。和情緒相同，如果直接詢問：「你覺得孫悟空的性格是什麼？」教室內又會一片靜默，或是得到模稜兩可的答案。透過情緒卡的引導，學生對於角色性格就有跡可循，再配合溫老師研發的「性格卡」，就能讓孩子根據課文，找出符合角色的性格。學生便能有信心地表達出：「我覺得孫悟空是『膽大』的，因為遇到困難他會跑第一。」「我覺得豬八戒是『率真』的，因為他一點都沒有心機。」課堂上師生熱烈討論，再也不是難得一見的光景。

　　特點五：觀點展論述。藉由五卡板的讀者觀點先讓學生初步的構想成形，接著運用「讀寫板」彙整自我觀點。讀寫板包含事件背景、問題衝突、解決歷程、結果迴響、讀者觀點等向度，用於課文解讀。讀寫板與五卡板相同，一開始學生拿到也會是空白的表格內容，如圖3-3。

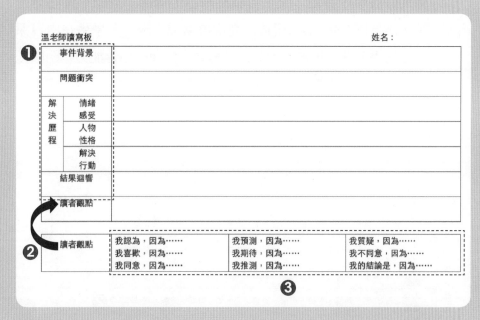

功能分析

① 課文深究區：設定不同主題欄位，區分並有利於學生歸納不同向度的課文內容線索。
② 導引及歸納：兩個讀者觀點區塊，有利於先利用下方欄位的導引思考，再行歸納自身想法。
③ 表述鷹架：提供9項表述自身觀點常用的起始語，包含支持性及反對性用語，抑或是一般中性的觀點表達都在此羅列。兒童能夠循此鷹架練習表達。

圖3-3：讀寫板的功能設計

　　接續上述〈鬼頭刀〉的例子，五卡板完成後，溫老師再邀請學生用「讀寫板」分析課文情節，引導學生表述讀後心得。請學生將五卡板所圈選的詞彙或動作當作素材，有脈絡地把鬼頭刀事

件的發展順序書寫下來，再填寫角色的情緒、行動、性格變化等，請見圖3-4的影像紀錄。完成這兩種「卡」，學生在內容深究上的學習就不再會「卡」住。對課文內涵的描述能力也明顯提升。此時，學生對於課文脈絡已經清楚，溫老師才開始不疾不徐地帶入課文分析等更深入的教學。

溫老師讀寫板		姓名：陳小佳	
事件背景		作者是一位漁夫，由於自己非常喜歡鬼頭刀，所以決心要和牠決鬥。	❶
問題衝突		因為第一次決鬥時失敗，所以作者的夢中出現鬼頭刀，但是也燃起作者的志願。	
解決歷程	情緒感受	緊張、期待、驚訝、難過、後悔、平靜	❷
	人物性格	作者：熱情、堅持、自信、勤奮；海湧伯：嚴厲、冷靜、果決	
	解決行動	等待、省思、面對、挑戰、征服	
結果迴響		最後看見了兩隻鬼頭刀互相憐愛的神情，還是放了牠們，但是牠的藍色亮點將持久在作者心中閃耀。	
讀者觀點		我的結論是作者真的很敬仰鬼頭刀，因為就算把母的抓上來，也把牠放回去，而作者也只想和鬼頭刀決鬥，而不是要抓去賣。	

讀者觀點	我認為，因為……	我預測，因為……	我質疑，因為……
	我喜歡，因為……	我期待，因為……　❸	我不同意，因為……
	我同意，因為……	我推測，因為……	我的結論是，因為……

使用範例分析

① 第一步——理脈絡：兒童能針對課文內容，將故事的開端填入，練習正確理解背景脈絡，為下一步的情意探討打下良好基礎。

② 第二步——導情意：兒童能善加引用在五卡板所圈選之情緒、性格的形容詞；亦能將五卡板中的人物行動引述自此。

③ 第三步——練表述：兒童能選用一個讀者觀點的起始語，作為完整表述的練習鷹架。

圖3-4：使用讀寫板的學習方式

　　另外像〈她是我姊姊〉一課描述弟弟阿正一直無法接受姊姊是一個智能障礙者，總羨慕同學有溫柔又成熟的姊姊。有一天姊姊拿著在殘障福利工藝所工作賺到的錢要請家人吃飯，結帳時被櫃檯人員嘲笑，阿正才了解到姊姊的心意和困難，並為她挺身而出。溫老師把握小說多對話的特色，試著抽離課文對白，讓孩子透過描述討論主角說什麼。待全班梳理過課文內容後，再透過情緒卡體會文中人物的心路歷程，引發同理心，並讓學生以〈弟弟給姊姊的一封信〉為題作文。不止於情意的培養，溫老師還會「借題發揮」，帶著學生走出教室，讓他們找出校園中對身心障礙者不友善的地方，思考改良方法，並提出報告建議學校改善。透過實作，強化解決問題和表達的能力，最基本的識字、閱讀、書寫也沒有遺漏，甚至因為多樣化的練習學得更踏實，自然而然地培養出「可帶走的能力」[6]。

　　一堂有五卡板與讀寫板的國語課有什麼改變？就老師而言，化解在課堂上「教師統一問，學生統一答」的機械化教學，補足發聲權較弱勢學生的學習權益漏洞，亦讓提問過後沒人回答的尷尬狀況走入歷史，改善教室師生的互動，學習氣氛活絡自不用說，更增進學生閱讀理解、歸納分析的能力[7]。

三、策略回應：溫氏效應背後的卡通人悟

　　地球大氣層中的溫室氣體吸收太陽熱量，使地球比沒有大氣層時更加溫暖的過程，稱之「溫室效應(Greenhouse Effect)」，

是地球成為舒適居住環境的重要因素之一。受溫老師感召的小學老師群，也暱稱溫老師造成「溫氏效應」，因為溫老師搭建的備課平台與教學輔具，讓各自分散、孤單的小學老師得以相連，吸收教學能量與溫暖感受。備課不再是形式上的研習活動，而成為一場教師社群的歡樂派對。精心的派對設計搭起教師間的互動，豐富的教學案例讓教師即學即用。溫老師用相近的頻率引發教師社群備課的熱情，因而產生共振效應。

「卡通人悟」不是小朋友愛看的卡通人物，而是溫老師獨有的柔韌謀略——以「五卡」疏通教學的困境，謂之卡通，幫助學生對課文角色的情感有所體悟，謂之人悟。溫老師藉由五卡，成功協助學生對教師的提問能回應地更個人化、多元化，不再像機器一樣整齊劃一，也解放發言權，不再侷限於部分的學生。「童中求異」是溫老師的五卡設計於輔佐學童回答情意提問之餘，衍生出來的價值，學童經過五卡的引導，被鼓勵盡可能地反思課文主角的心情，將感受更多元化、豐富化地表達，而不是死板地追求唯一的「正確答案」。

溫老師深信國小老師要得到別人的尊重，必須要專業。但什麼是專業？溫老師在個人部落格發表的〈我的備課夢〉一文提到：「當我一輩子最重要的恩師吳英長老師去年驟逝，更讓我決定要完成吳老師未完成的志業——讓國小老師有尊嚴地站在講台。什麼才能讓老師成為無可取代的專家老師？」承此，追求「無可取代的專家老師」之路堅定地展開。承襲恩師的思維，她所致力的各種創新，無一不是幫助教師建立專業性。在大多數教

師遵從於制度力的現況中，溫老師勇於站出來推動創新，運用社群影響力讓新思維擴散，幫助教師反過來運用教學現場的阻力。這股堅定又溫柔的魔力何以擴散，可以歸納為三個要點。

(一) 化規則約束為創造動能

　　能力指標劃出教學範圍，教學範圍決定教材文本，教材文本設定學習內容。但無論是「教」與「學」都不應畫地自限。從科舉取才的時代開始，就有「只讀經典，不聞世事」的批評聲浪，數百年後的今天，填鴨仍在，弘大的教育理念落到教學現場只剩下教條式的知識灌輸，教學內容更脫離真實世界的情境脈絡。要改變這樣的備課生態，溫老師認為必須要讓老師找回「自己的力量」，這股力量來自「珍視」自我現場實務經驗、「誠實」面對自己教學的省思與批判，和「隨手」對自身教學的整理與發表，造就備課Party上的各種教學案例。

　　線上備課Party的教學案例，設計上回應教師潛意識上尋求「教學規則」的需要。首先是，清楚說明教學設計的理念。教學案例上不僅包括明確的教學步驟，以及實例證據的列舉，還有學生的反應與成果。各則貼文下的留言，表現出其他老師的採用行為，與不斷隨著各種教學脈絡而修改過後的新設計，隨情境而調適，讓這份「教學規則」持續優化。運用教師對「教學規則」的高依賴特性，並提供多個案例資料不斷豐富「教學規則」的內涵，替使用的老師注入信心後，再鼓勵老師由模仿做到變異，亦即是創新，這就是溫老師高端的「癒心術」。當教師不再往那些

顯性、隱性的「規則」死胡同裡鑽，就能於課堂上帶給學生豐富的情感引導。

備課Party的交流方便教師理解，進而吸收臨摹。分享時，規定提供教學設計的「什麼、如何與為何」，幫助老師理解教學設計的背後邏輯。備課Party社群的交流網利用集體化的特性，讓老師看到成員大方發問與回饋，卸除老師對於「問問題」的不安全感，也逐漸形塑「別人問問題，我也要問問題」的正向氣氛。搭配上版規上的「發文規定」，共同的網路行為準則就像是保護網一樣，建構出發問「安全」的環境，讓老師願意「全盤托出」教學問題。因為老師知道，這裡的聆聽者是真的願意給予幫助與鼓勵，而不是落井下石。

(二) 化結構制約為師生互動

溫老師「五卡一板」的設計激盪出教學的火花，讓許多老師在初次接觸後就能上手。這項教具設計也借助心理學對性格及情緒的分析，融合到國語教學，落實於行動學習。五卡一板有三個設計重點：第一，解決小學生難解的情意。小學生由於心理發展未臻完整，難以理解換位思考的問題。面對「鐵扇公主在課文中的心情有什麼變化？」這類問題，國小生多一時語塞，且詞不達意。五卡一板就像是思考階梯，將學生難解的情感文字化、圖像化，幫助學生逐漸爬到「情意表達」樓層。第二，幫助學生從旁觀者轉換為參與者。情緒卡與性格卡讓抽象情意具體化，包括從情意到文字，再從文字到圖像。具體化的設計讓學生能參與討

論，藉由兩次視角的轉換，先從課堂上的旁觀者到課堂活動的參
與者，再從課堂上的參與者到進入課文脈絡中的欣賞者，使情意
融入教學之中。第三，教室內師生互動的壓力得以化解。在過
去，教室的發言權多集中在少數學生。每位學生皆持有五卡一板
時，就如同每個人手上都握有麥克風，發聲權變得平均。教師便
能以卡片引發學生行動，用「挑選動作」代替口頭回答問題，化
解學生不發言的窘境。

(三) 化同質性為共振效應

　　物理上的共振原理是說物體都有其自然頻率，當振動源與物
體的振動頻率一致時就會產生共振。例如：發生地震時如果地震
的頻率與建築物的頻率相同，就會產生共振效果，造成建築物的
振幅加大，造成受創更為嚴重。然而，反過來應用共振原理卻可
以促成教學創新。制度力之一來自於強制的法規，能力指標對教
學準備形成難以撼動的影響，它不但定義教學範圍、決定教材文
本與設定學習內容，還造成老師被動的備課，使教學創新難以期
待。備課Party以老師週期性任務的韻律引發教學案例的採納，
引發老師間交流的共振。利用成員對於規則化行為的依賴性，使
他們樂於使用教具，並由臨摹進而創造，使體制內教學創新悄悄
發生。

　　制度阻力之二來自於教室內看不見的社會規範，表現於課堂
上的話語權壟斷、侷限於認知學習。傳統課堂的社會規範是師上
生下、師講生聽、師對生錯，除了單向的知識灌輸、教者與學習

者的角色分明。這更代表傳遞知識內容係由各種標準解組成。傳統的講述教學，老師在教室「自言自語」，台上台下彷彿兩個世界。近年逐漸興起的合作學習，也常見學生在台下各說各話，課堂的安靜與熱鬧，並不能直接視作參與的指標。參與學習不是有沒有開口說話，而是師生間是否產生對話。一場好的對話要發生，需要主題明確、溝通順暢，前者取決於老師對課程內容的掌握，後者則需因人制宜，利用輔具創造師生的互動與對話。

　　溫老師巧妙運用輔具，讓學生於課堂上忙個不停。這除了讓學生「有事做」，持續參與課堂，也讓老師能以學生的表現為回饋，隨時調整教學步調。輔具除了改變師生互動的頻率與形式，也讓學生有不同的學習角度。小學生並不容易理解情緒，對於解讀自己與他人的情緒更感到陌生。「五卡」（情緒卡、性格卡、人物卡、觀點卡、寫作卡）提供給老師與學生掙脫填鴨式教育的模式。老師有引導工具、學生有自主選項，透過輔具賦能來化解束縛。五卡一板內鑲嵌創新者的知識（教學的程序），也是行動者（使用的老師與學生）行為改變的基礎，在每個課堂上都能夠締造自己想要的創新。

　　制度阻力之三來自於教育體制檢驗成果的標準。制度對教學的檢驗標準著力在考試成績與學生表現，這會讓教學創新因碰上不合適的標準而被否定。長此以往，教師的創新動力逐漸被消磨殆盡。備課Party的交流規則讓教學創意被看見、創新被實踐、專業被肯定。當教師一致實踐這樣的備課方式，不僅改變教學方法，同時也轉換對教育的認知，跳脫制度於認知上的束縛，重新

定義優良教學的意義。此案例所分析的柔韌設計內涵整理於圖
3-5。

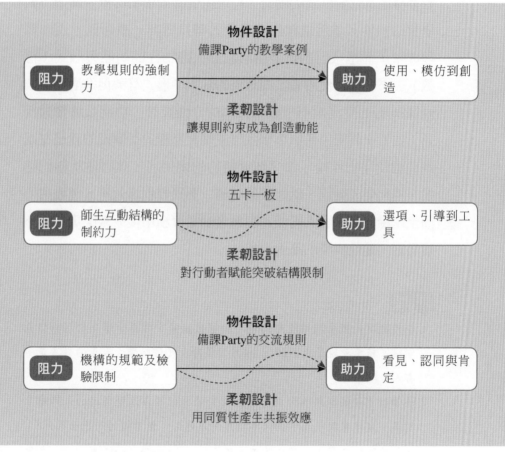

圖3-5：化阻為助的柔韌設計

　　教案的設計輔助教學的創意，輔具的設計促進師生的對話，然而這些人造物件設計的背後更隱含著創新者的計謀，其中蘊含著化阻力成為助力的智慧。這樣的柔韌設計將制度對教師行為的約束轉換為教育創新的動能，把學生受制於填鴨的無奈轉換為對學習的熱忱。當然這樣豬羊變色的轉換既非一蹴而就，也非順理成章，而是來自創新者精心設計人造物件的功能與形式（符號），來引發對使用者預期效果的計謀。形式符號促進溝通，如備課Party的交流規則、教學案例的介面設計，功能設計帶動行為；如五卡的使用牽引小學生自主學習歷程，最關鍵的就是在溝通完與使用物件後，深受制度制約的使用者，其心理狀態的轉換，規則變成動能、賦能突破結構、與同質引爆效應。這股由下而上、由自身引發的動能，引領老師從實務中促成教師專業的堅實發展，建立專業的品牌形象。

注釋

1. 翻轉教室的概念現雖逐漸退燒，但將教室發言權還予學生的討論仍在繼續。請參考親子天下2012年4月，專題：〈佐藤學：真正的教育是所有人一起學習〉。

2. 小學教室裡的成績取向沒有真正消失過，但努力改變現況的老師越來越多。請參考親子天下2016年11月，專題：〈教室裡的阿德勒系列8：不打分數的教室，還有什麼競爭力？〉。

3. 進一步認識備課Party，請參考社群連結：https://reurl.cc/4ao7xX。

4. 溫老師推廣閱讀寫作教學多年，並獲2017 GHF教育創新學人獎，請參考溫世仁文教基金會的專訪：〈魔法老師的備課派對——溫美玉老

師〉。

5. 使用五卡的教學情境，請參考2017 GHF 教育創新學人獎得主的觀課暨採訪影片：https://reurl.cc/vq7jZN。

6. 溫老師熱血的創意教學緣由，請見社企流2018年5月，專訪：〈專訪溫美玉：「我也曾是那個坐不住教室的孩子」如今她用創意成為讓學生「捨不得下課」的老師〉。

7. 更多教學實例紀錄，請見溫美玉等人於親子天下2016、2017年出版的著作：《溫美玉備課趴：情緒表達與寫作的雙卡教學實錄》、《溫美玉備課趴2：閱讀理解與延伸寫作的五卡教學實錄》。

Chapter 04

力求均一——
藉「利」使力的線上學習

Aiming for Equity:
Leveraging Incentives for Online Learning

「只要老師們有創業家心態，將都極具改革的潛力，我則扮演
『教改創投』的角色，創建一個有力的支持後盾。」

——均一教育平台創辦人　方新舟

臺灣自1994年7月28日行政院通過《教育改革審議委員會設置要點》，同年9月21日「教育改革審議委員會」成立，自此拉開臺灣教改的序幕，陸續經歷優化相關教育法規、開放教科書市場，以及提出多項創新教改方案。最為人熟知的是建構式數學、九年一貫、多元入學方案，到現今的十二年國教。歷程中總是爭議不斷，政府與師生間嘗試取得共識，卻又吵個沒完，好像永遠沒有最佳解答似的。

在龐大又看似無解的教改問題中，有許多民間的教育企業用一腔熱情找到可以切入、發揮影響力的空間。他們在臺灣教育體制中發現什麼缺口？又是用什麼樣的策略回應，讓莘莘學子和老師在巨大的壓力下能找到自己的位置？本章以數學科為例，說明教學現場所遇到的結構阻力，以及均一教育平台如何設計回應制度阻力的策略，解讀剛性科技特質背後柔韌的計中計。

一、制度阻力：強制力、制約力與盲從力

許多人會問：為何數學教學遲遲無法達到令大家滿意的創新，甚至把矛頭指向在學校，質疑：會不會是老師的教學技能有所欠缺。本節將根據這些教育改革上遇到的制度阻力依序說明。

(一) 強制力：傳統教學帶來的制約

對教育的強制力來自於政策。為何數學教學遲遲無法達到令人滿意的成效，甚至直接把矛頭指向學校的數學老師，質疑老師

的教學技能是否有所欠缺？政府也不停在摸索與調適臺灣的教改，但經常在教師、學生（甚至延伸戰火到家長）間的迴響都不算太好，以致於「兩面不討好」的無奈情況近幾年來也不乏見到，建構式教學改革即為一例。建構式數學強調理解而非死記，且希望學生在解數學題時，老師盡量不要直接揭示正確的解法，而要讓學生獨立自主地解題。這樣的理念並沒有人會反對，畢竟讓學生能夠獨立思考是教學的終點目標之一，問題是出現在缺乏對臺灣教學環境及脈絡的考量。

　　首先，缺乏考慮到學校的數學教學時數與教材內容的不相稱。相較於傳統教學，建構式教學增加「演練」的邏輯推演能力養成，所需教學時數自然也大量增加，但配合建構式教學出版的教科書（此以民國82年部編版為例），教學單元並沒有減少，內容難度沒有降低，教學時數也沒有配合需求變多。這類「又要馬兒好，又要馬兒不吃草」的政策，讓老師難以配合，怨聲連連：

　　　「我也想要跟學生講清楚乘法表是怎麼來的，但課都上不完，哪有時間在那邊5+5=10、5+5+5=15啊？相對的，直接叫他們背九九乘法表，多抄幾次就會，我又沒有時間，當然只能選擇後者啊。」

　　　「小學三年級的課本會這樣寫：35除以7，就用35-7=28、28-7=21⋯⋯一直算到0為止。但是我根本就不會這樣教，這樣寫要寫到什麼時候？而且現在的小孩，全班有三十人左右，要他們連續減下去都不出錯，我看一節課一題

也搞不定！」

其次，教師的培訓費時，但當推行「新政」時，並非所有教師都獲得良好的培訓支持資源[1]。數學教科書過去在出現新概念時，依慣例會培訓大批教師，讓教師先理解教材內容。實施建構式數學時，恰逢臺灣重大課程改革「九年一貫」規劃，使得教師研習會在民國87年（1998）將國小數學科教師調訓工作暫停，改以九年一貫為培訓重點，也意味著建構式數學是在師資培育與教材編訂時間無法完全配合的情況下推動的。如果老師對建構式數學了解不足，或根本不認同，仍選擇以傳統觀念作為數學教學核心，便會與課本、習作、考卷的要求產生落差，強硬配合的結果，反而對學生造成更多的壓迫，資深教師胡智慧就曾回憶：

> 「舉例來講，3×8=24，從前我們是背九九乘法表寫出答案，而建構式數學要求小孩3=3，3+3=6，3+3+3=9……一直要加八次，寫八個式子，有的小孩反映『老師規定一定要這樣寫』，這的確是曾發生於教學現場的真實案例。」

最後，等於是將良藥強加給不適用的病症一般。良藥真實有效，病人卻被醫死。不但造成大家窮忙，成效也不如預期。另一方面，傳統數學教學也有其制約存在，可以分為兩點來看。第一，同一數學概念被分散於不同的時間點教學。以分數單元來說，第一次認識分數概念是在三年級開始，接著下一次有關分數的學習會在四年級，包括帶分數、假分數、分數的加減與整數

倍。進階學習則分散在五、六年級，包括擴分、約分、通分、異分母分數的加減、分數的乘法及除法等。雖然可以理解是因應不同年級的孩子心智年齡不同，故依照難易度分散安排，但這樣處理課程安排的缺點並沒有被正視與回應。最明顯的隱憂就是缺乏「主題式」的教學，學習的累積會因為時間的延宕，而產生質變。舉例來說，面對異分母分數加減的學習，學習者必須要先了解分數的擴分、通分、約分，而要了解擴分、通分、約分，就必須要熟練真假分數的定義及換算。如果孩子因為過一個寒假、一個暑假的學習時間延宕，就把前一個重要觀念忘光光，而放長假回來緊接著就得挑戰下一個進階的學習，程度好的學生複習一下或許就能回復記憶，但那些學習狀況欠佳，需要花費更多心力指導的學生，就經常在教師忙碌的班務工作下無奈地被犧牲。

　　第二，傳統數學課堂上，教師無法費時針對學習痛點多次講述。與前項呼應，第一線教師希望將學生所有學習迷思解惑之餘，還能反覆說明、確認其理解狀況，但是課堂進度是一個不容被挑戰的前提，也因此「對同一個迷思多次解說」、「確定每位學生都理解後才進行下一步」的情形，根本不可能存在。如何能在讓教師在教學進度被穩妥掌握的前提，幫助教師有餘裕回應學生學習痛點被「重複講解」的需要，是急需被解決的問題。

(二) 制約力：難以找出學習的問題點

　　對教育的制約力來自於規範。為了回應各方對於學校教育的種種期待，老師背負沉重的進度和分數壓力，必須在有限的時間

內教完課本內容，而學生學習成效的驗收卻只能依靠一次次考試後的檢討。我們先觀察一段課堂常見的師生對話：

師：「（上課中）今天上的有沒有問題？沒有嗎？沒有　我們就下課囉？」

生：「沒～有～」

師：「明天要考單元卷，記得回家複習，下課。」

生：「謝～謝～老～師～」

師：「（考完試後）上課的時候不是都說沒有問題嗎？　為什麼考試的時候就有這麼多問題？」

生：「……」

師：「今天的回家作業是訂正考卷，有什麼題目是你不　會、需要老師講解的？」

生：「……」

師：「都沒有問題？那為什麼考成這樣？如果沒有問題　我們就繼續上課囉？」

生：「……」

師：「……那我們繼續上課，翻到下一個單元……」

從上述情況可知，學生一般不習慣提問、害怕回應師長、畏懼同儕看待自己的眼光，因而面對提問總是保持沉默。一份考卷的出題，除了少數應用問題需要將解題過程詳述，若有答錯可以從中窺知是哪裡出錯，大多數選擇題、填充題並無法診斷出學生觀念的問題點何在。尤其從小學中年級開始，很多低年級學習到

的觀念要開始受到考驗，到高年級時更需概括承受低、中年級累積學會（或學不會）的觀念，傳統考試卷並沒有具備診斷「哪一個環節出現問題」的設計。這樣的困擾是越到高年級的老師感受越深，導致老師有心輔導，卻苦惱無法從考試卷回溯該學生哪一個學習階段產生迷思。當然，學習的迷思通常也無法從學生口中問出來，導致輔導過程缺乏效能。

當上課變成「講光抄」（老師光講，學生光抄），學生則發展出盡可能「背多分」的策略（背的越多，分數越高），這樣才能讓他們在考試中無往不利。大家對這樣的「應考策略」深信不疑，因為老師、家長都是這樣長大的。少子化的影響，望子成龍、望女成鳳的心情益形強烈，也養成越速成越好的心態。要求孩子考試必須考好時就說：「我現在逼你是為你好，你以後就會感謝我。」這樣的教誨彷彿變成現代父母的口頭禪。就這樣，相同的學習模式在學校、補習班、家庭裡不斷被複製。然而，這真的是一個優質策略嗎？如果這是一個好的策略，為什麼一個班裡，對數學有把握的永遠是那幾個學生，而其他大多數的孩子則是一臉茫然，永遠搞不清楚自己在學些什麼？

也有家長希望能「因材施教」，個別給予孩子需要的幫助。但由於臺灣目前政策上主要採常態分班，希望學校、老師可以將學習資源均等分配給不同程度的學生，而非為升學而將學生的程度作分級，避免獨厚「資優生」的美意。這是為講求公平，給予不同程度的學生相同的學習資源，然而實際教學上，老師需要的經常不是齊頭式的標準化資源。一個班的學生若程度好，需要給

予的資源有其彈性，可多可少。對那些面對各種排山倒海的知識消化不良、跟不上進度的學生時，原本常態分班期待「有教無類」的美意反倒成為阻礙，教師也更難針對各類不同程度需求的學生「因材施教」。

老師為什麼不能因材施教？一定程度上受制於老師工作的特殊性。首先，公權力介入的程度很大，從教師資格、甄選到教學範圍，都受到嚴格的管制，與國家力量的距離相較於其他國家近得多。其次，老師工作的複雜度高，從教室裡的教學、管理、輔導、溝通工作，辦公室裡的行政工作，到學校外的備課、回應家長等，工作場域與時間及私人場域與時間界線模糊，工作性質也比較多樣。再者，教師工作的連續性高，休息時間不彈性，只要是待教室裡，即便是下課時間也必須注意學生狀況、處理學生事務等。最後，老師是高密度的情緒勞動工作，老師被期待戴上「好人面具」，在遇到教不會的學生、企圖介入教學的家長等，都必須「誨人不倦」、「好言相勸」，表現出溫暖、積極、樂觀的「正能量」，而不能有沮喪、失望、憤怒的情緒。情緒感受和情緒表現的落差，讓情緒勞動的工作量無比沉重。在種種因素影響下，教師無心，也無力做出改變，而傾向打「安全牌」，維持自己、同儕、學生和家長所習慣的教學模式。

從常態分班政策到現場教師教學，再從教師教學端到學生的學習成效評量，每個環節都致使教師在發現學生問題上缺乏精準性。常態的評量方式便是以考試為成效檢核，但這也經常流於形式，沒有實質輔導到學生的問題。年復一年，學生的問題點持續

地缺乏根治，甚至開始累積，影響到未來的學習，也打擊教師的士氣。「反覆教很多次也沒有用，實在不知道為何他聽不懂！」老師這樣的無力感在教育圈絕不少見。

(三) 盲從力：分數至上價值觀

　　對教育陋規的盲從來自於傳統。傳統與建構式教學之爭在法規層面似乎已經告一段落，但在教學現場仍是暗潮洶湧。選擇回到傳統教學懷抱的老師沒有辦法改變已經在使用的建構式教材教科書，使得教材與教學脫鉤。選擇走向建構式教學的老師需要足夠的時間和資源來精進自己的教學能力，也需要正面對抗家長和學生的質疑。兩股勢力的拉扯在十多年後隨著「翻轉教育」熱潮再次引爆，教師與學生心中的論戰重新浮上檯面，有趣的是，數學教學在實務上遇到的困境，仍不出「課本教不完、老師資源不足和學生考不好」。關鍵問題與過去並無二致，顯示出臺灣教育改革的最大阻力，始終是來自學生、家長、老師，乃至於整個社會對「分數」的盲從，及其衍生出的相關制度與個人決策。

　　從反對者對於建構式數學的陳詞可以發現，大家對於臺灣數學教育的成果有一個想像：臺灣學生的數學能力遠勝於其他國家，但建構式數學毀掉這一切。對於傳統教學成效的肯定，可能來自一段軼聞的廣泛流傳，我們不知道它的來源，但多多少少都從他人的口中聽過，或是在文章、報導中看過類似的故事。一位家長提到：

　　「原本在臺灣數學總是吊車尾的孩子，因為家人工作的
關係，跟著去美國。孩子上沒多久的學，家長就被數學老師
叫到學校來，原本想著是因為小孩數學太爛，要讓家長特別
注意，沒想到數學老師一看見他們就眉開眼笑，說自己從來
沒有教過這麼聰明的學生，希望可以讓他去上資優班。」

　　臺灣學童數學能力的表現在國際上真的如同上面的故事一
般，這麼值得驕傲嗎？根據國際數學與科學教育成就趨勢調查
(TIMSS, Trends in International Mathematics and Science Study)的
調查結果，臺灣四年級學生數學成就表現或許能給建構式數學的
支持者一些安慰。2003年的四年級學生從一年級接受建構式教
學，其成績表現仍有全球第四的佳績。這一批學生在2007年接受
八年級測驗，也拿到第三名，與過去完全接受傳統教育的學生相
差不大，某種程度洗刷「建構式數學削弱國力」的汙名。不過，
這樣的推論並不嚴謹，也無法證明建構式教學對學生產生什麼正
面影響。甚至，這個測驗被國人質疑「太簡單」、「沒有鑑別
度」，因為接受建構式數學的第一屆學生在升上國中後明顯有銜
接問題，許多學校為他們特別開設數學補救教學課程。

　　不少老師再也沒有勇氣把課堂的主導權讓給學生，深怕他浪
費很多時間討論還得不出結論，這同時也是反對建構式教學者常
問的問題：學生有能力建構知識嗎？無論考量效率（課堂時間的
運用）還是效能（考試成績），提高對班級的控制度，由教師主
導整個教學流程，要求學生記下課本的解題方式，反覆練習類似

的題型直到熟練，才是「理性」的選擇。這也正是臺灣傳統數學教育的寫照。這有什麼問題？為什麼要「向鬼拿藥方」，跟不擅長數學的美國人學「捨近求遠」的建構式教學？

　　要評斷建構式教學「好不好」，必須先界定「什麼是好」。在傳統與建構式數學之爭，傳統教學之所以會勝出，是因為在臺灣社會，「好」就是「能讓學生考好」。但這個教育標的是放諸四海皆準的嗎？以下是一段美國資優班老師與學生在課堂上的小故事，可與臺灣教學現場的樣貌對照。老師給學生出一道題目：「某個住在湖邊的老人養了狗和鴨子。某天，老人看到5個頭、14條腳。老人看到的是多少條狗？多少隻鴨？」聽起來不難，這是一道典型的「雞兔同籠」問題。資優班的學生很快地就意識到可以使用二元一次方程式解題，接力列出公式。但教師要教的不止於此，透過師生對話引發熱烈的討論進而培養思辨能力，才是教學目的。

　　生：「設狗為x，鴨為y，4x+2y=14，x+y=5。」
　　師：「（眼看答案呼之欲出，卻打斷他）現在我不要去
　　　　　計算答案，我按照這兩個公式來推理，看看答案是
　　　　　否合理……先不計算準確的答案，而是猜測大致的
　　　　　答案。」
　　生：「……（面面相覷，不知道老師是什麼意思）」
　　師：「（見狀，拋出問題）既然你們不回答，那我就來
　　　　　問你們，老人看到5條狗和4隻鴨，對不對？」

生：「（急著搶答）不對！5條狗和4隻鴨，一共有9個頭，但老人只有看到5個頭。」

師：「那誰能告訴我狗腳和鴨腳的數目？如果我說『狗不少於4條』，你們覺得合理嗎？」

生：「不對，腳的總數是14，而4條狗就有16條腿，除非老人喝醉，把自己的腳也數進去！」

師：「非常好，那有沒有可能是3條狗呢？」

生：「那也不對，除非有1隻鴨子少2條腿。總共有5個頭。3條狗有12條腳。要符合5個頭、14條腿，就只剩2個鴨頭、2條鴨腿，除非有1隻鴨少2條腿。」

師：「好吧，讓我們假設所有的狗和鴨子都是進化完整，沒有少腿的，那麼，該有多少隻鴨子呢？」

生：「哦！那麼答案會是……（七嘴八舌地討論起來）」

師：「（做手勢請大家停下討論）大家注意，現在請再次嘗試用公式計算。」

生：「（不是很能諒解，提出質疑）我們推理來推理去，花了快一節課的時間。其實，一開始就讓我們拿公式來算，早就做完了。」

師：「你提出一個很好的問題。請大家想一想，為什麼我們沒有一開始就用公式來計算，而是花一節課的時間來走完整個推理的過程？」

「我們浪費不少時間去推論那些不正確的答案。」一個

學生說。但另一個學生很快地提出反駁：「我不同意浪費的
說法。有時候，你不能證實一個答案是錯的，你就不能證實
另一個答案是對的。但是，值不值得花那麼多時間？」

　　至此，教師引發班上同學熱烈的討論，並做出一個總結──
數學課不是算術，更不是用一個似懂非懂的公式計算一個只有公
式才能告訴你的答案。公式告訴你做什麼(what)？怎麼做(how)？
如果只會套公式，我們就只是計算機器，但要真正理解為什麼
(why)這麼做是對的，為什麼(why)那麼做是不對的，問題就不是
那麼簡單。就像知道按下電腦的某位置，電腦會產出怎麼樣的動
作一樣，那是電腦操作員的工作。只有理解「為什麼」按著電腦
的功能鍵會產生這個動作，才能成為電腦工程師。我們在數學
課，要學會的是通過演繹和歸納來證實和證偽某些答案，以及在
這個過程中所培養和鍛鍊的推理能力。

　　回到評量教學的標準，我們不難發現，即便有再多的口號，
臺灣中小學教育的目的，似乎還是「把學生送進一所好的高中和
大學」。為達成這個目的，就必須讓他們在考試中拿到好成績。
從幼兒園就怕輸在起跑點，家長把孩子送去正音班、雙語幼兒
園，讓他們早早就學ㄅㄆㄇ跟ABC。小學開始送安親班，讓老
師盯著寫作業、複習考試，回家後也不能閒下來，要另外寫從書
局買回來的自修、評量和測驗卷。國中更是全面進入備考期，所
有的學習就是為要考上「好高中」，每天就是家、學校、補習班
「三點一線」。高中更是不能鬆懈，要放下一切娛樂，全神貫注

地準備大學考試，因為考上排名前面的大學，才有好的工作機會、高薪、優質人脈和光明未來。如果讀「有錢就能讀」的「學店」，那麼人生就注定毀滅……依此邏輯，我們會因為建構式數學無法讓學生得到好成績、在升學考試中得利，而認為它是差勁、沒用的教學法。

家長對於分數的重視，不僅反映在他們對國家教育政策、老師教學方法的「關心」上，也在對孩子的管教中充分體現。家長在職場上被對待的「獎懲制度」，總是會在各個家庭中以不同內容與形式「復活」，以下列舉一些代表性的範例：

　　「我的兒子很喜歡玩寶可夢的機台（兒童大型卡片遊戲機，常見於商場，每玩一次可以獲得一張卡片），我告訴他，要玩可以，但要付出代價。大人要上班工作，有賺錢才能花錢娛樂，小孩的工作就是讀書，所以他要複習功課，累積三個小時，才能去玩一次。這就是交換！從小教，他才知道要好好用功。」

　　「我跟我的女兒說，一個學年累積三張一百分的段考考卷，我們暑假全家就去日本玩五天，她開心得不得了，每天都乖乖寫我幫她買的評量和測驗卷，結果期中考就考三個一百，要我給她『加碼』，如果再考兩個一百，就再多玩三天。」

　　「我家小孩每考一次一百分就有十塊零用錢，沒考一百就沒有。」

　　「我家小孩都不看書而在玩電腦，怎麼罵、怎麼打，他
都不改，所以他只要不寫作業、考太差，我就斷他的網路，
然後他就發脾氣啊！但這樣他才會知道痛啦。」

　　「小孩讀書就是本分啊！考試作業少一分就打一下，這
樣才會知道不要粗心。」

　　透過這些教養策略，孩子們讀書的目的，慢慢變得是為了某
種「利益交換」。分數能換取遊樂機會、金錢，甚至是父母的
愛。另一種可能是為了「逃避處罰」，比如責罵、責打，或是被
剝奪娛樂時間。在老師的班級經營活動中，也很容易強化這類
「交易」性質的連結，例如：

　　「小考班平均有超過八十分，全班午休時間就不用睡
覺，可以做自己的事。」

　　「如果期末考大家考得好的話，最後一個禮拜就來辦同
樂會。」

　　「不及格的人要罰抄公式一百次。」

　　「六十分以下的人下課來找老師，要留在教室裡寫學習
單。」

　　即便在一般人心目中，教育總是被賦予崇高的願景，諸如激
發個人潛能、促進社會進步等，但當分數透過考試制度與學校外
的世界的牽連越緊密，「好學校＝美好人生」的公式越深刻地烙
印在每個人的腦中，學習的意義就越難以聚焦在其行為本身，而

是會被視作賺取「籌碼」的工具──越高的學歷、越好的學校、越漂亮的成績單，就代表越多的籌碼，可以讓你在人生這場賭博中有更多的本錢，去滾出更大的名與利。如果有能力一搏，誰想拒絕這樣的機會？這時，培養能力還是追求分數優先？縱使所有的教育者都心知肚明應該要重視能力的養成，但大多數的教育者均難以逃避來自社會文化的分數至上價值觀，而趨向於「盲從」。制度阻力的發生，雖然源自於政府的教改政策、教學長久以來遵循的規範，與長期文化積累的認知習慣；同時，學校教學與家庭學習場域，環環相扣而形成結構性的箝制（教學時數）、同形的模仿（教學行為），與文化認知的制約（價值觀），這些都是臺灣教育環境中，創新行動推行時，必須考量與回應的既存現況。上述三個制度阻力的內涵，統整於下表4-1。

表4-1：數學課教育現場所遇制度阻力統整

制度 阻力	政策的強制力	課堂的制約力	傳統的盲從力
內涵分析	阻力類型：R-法規體系 說明：相較於傳統教學，教學目標增加「演練」的邏輯推演能力養成，教學時數卻沒有被同步增加。	阻力類型：N-社會規範 說明：固定得高分的學習模式在學校、補習班、家庭裡不斷被複製，絲毫不受時代的變遷所動搖。	阻力類型：C-文化認知 說明：教師沒有勇氣把課堂的主導權讓給學生，深怕花費時間卻不見成效。
阻力造成的結果	教師缺乏培訓資源	考試難以診斷學習問題根源	傳統教學難以撼動
	說明：教師對教改內容了解不足，或根本不認同，仍選擇以傳統觀念繼續教學，與政府的要求產生落差，強硬配合的結果，反而對學生造成更多的壓迫。	說明：教師在發現學生問題上缺乏精準性，檢核方式也經常流於形式，沒有實質輔導到學生的問題。學生問題點持續地缺乏根治、累積而影響後續學習。	說明：傳統教學的模式固定且成效可以預期，不少教師選擇安全牌而非風險牌。
阻力造成的結果	傳統教學的制約	教師業務內容的限制	「教好」即是「考好」
	說明：同一數學概念被分散於不同時間點教學，及傳統數學課堂經常無法費時針對學習痛點多次講述。	說明：公權力的介入程度高、工作的複雜度大、工作時間連續性長、屬高密度的情緒勞動工作等。	說明：分數透過考試制度與學校外的世界的牽連越緊密，學習的意義難以聚焦在學習行為本身。
備註	R：法規體系(Regulations)，N：社會規範(Norm)，C：文化認知(Cognition)		

二、創新設計：技高異籌的有利設計

2019年3月，臺灣Google選擇均一教育平台為「智慧臺灣計畫」的贊助對象，取得100萬美元（約3千萬臺幣）的資金挹注，希望消弭臺灣不同地區的學童在學習資源上的落差[2]。均一是臺灣第一個免費的線上教育平台，由方新舟先生創辦的誠致教育基金會所架設。沒有董事長架子的他，身邊的人都稱呼他為方大哥，身上散發教育家親切溫和的氣息，眼神卻有如老鷹般洞悉一切，隱約地透漏他因過去較鮮為人知的背景所累積的性格。方新舟是臺灣網路通訊產業蓬勃的關鍵角色，也是一名連續創業家(Serial Entrepreneur)。細數過去的代表作，在美國創立過的公司先不談的話，亞洲最大有線ADSL晶片供應商誠致科技正是由其創立，並且也曾任國內業界首屈一指的科技大廠合勤科技、雷凌科技的總經理及執行長。由創業家走向教育家，方大哥創立均一教育平台的目的是改變臺灣的教育環境。

均一面臨的制度力挑戰，從建構式教學帶來的忙碌現場，使得自家長至教師都害怕創新的「介入」，到教師教學上對掌握學生學習困難問題點的茫然，又要面對社會主流思想、追求分數的文化盲從，沒有一項是對教師的教學正向友善的。現今，越來越多的老師使用均一教育平台，除了困境重重的教學條件，更多值得我們探討的柔韌策略，要從三個「算數可獲利」的系統來說明：技能進展系統、差異化指派系統以及多元回饋評量系統。

(一) 計算解題可獲利

　　均一平台推出技能進展系統，以獲利激勵學生努力計算與解題。均一平台教育基金會目前以「均一教育平台」、「ShareClass」兩大平台提供服務，前者的目標群眾為「學習者」，主要用以輔助學生的學科學習，而後者則針對「教學者」，協助教師精進教學能力，使全臺教師皆能藉此共享教材資源[3]。為了讓每個學童都從茫茫數學之海中找回方向，團隊師法可汗學院，打造出屬於臺灣的「數位個人家教」，首先開發「技能進展」系統，引導學生自學[4]。要了解技能進展系統，可以分成兩個部分。

　　第一，各次主題免費的教學影片提供收看。有別於教科書單元、小節的分類，均一教學平台將教學內容再分割為概念理解中相對獨立的最小單位「知識點」，並建立主題式與年級式的「知識地圖」，標示各個知識點之間如何彼此銜接，以視覺化的方式呈現，讓學生能直觀地理解原本只會出現在教學手冊的「學習表現」（舊稱能力指標）。比如：一個在學習分數的四年級學生如果遇到困難，可以打開「技能進展」頁面，選擇「國小－數與量－分數」主題，均一平台就會按照順序，呈現出在國小階段，所有與「分數」相關的學習內容，如圖4-1所示。學生點擊任一概念，系統就會將畫面導引至該概念的教學影片，教學影片是平台邀請在職老師配合課本，針對常見概念與題型進行講解，影片可視個人情況暫停、回放、調整播放速度（0.25到2倍）、分享或下載影片。

　　第二，提供明確對應特定數學概念的練習題。在一個章節
（包含一或數個知識點）結束後有練習題，可視個人情況選擇
「檢查答案」（即送出答案）、「我需要提示」（階段性提示，
可自由選擇要看到哪個階段）、「線上問同學」（上傳問題描
述、螢幕截圖至班級討論區）。答錯會讓學生做到正確為止（提
示最後階段會展示出所有的計算過程和答案）。如果題目出錯，
可以直接回報均一平台。

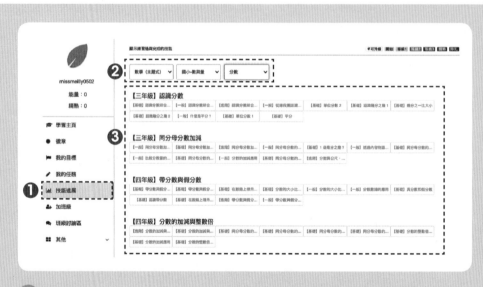

功能分析

① 技能進展選項：在左側工作列，學生可以找到技能進展系統選項，進入「練功」。
② 進展主題選擇：技能進展系統包括科目選擇、學級選擇，以及單元選擇的下拉式選
　單。提供同一主題的跨年級學習，穩固重要概念的累積學習。
③ 進展子主題選擇：以分數學習為例，跨年級的免費教學影片將在此介面依序羅列。

圖4-1：均一平台技能進展系統學生端操作步驟分析

　　傳統考試範圍多以單元為最小單位，不易找到迷思概念澄清，亦不會在短期內重複測驗同一範圍以確認是否學會，均一的每道練習題明確對應特定數學概念，如果不會做，可以馬上知道該重看哪部教學影片，且答錯會立即回饋，逐步提示解法，直到答對為止，並搭配遺忘曲線設計漸進式的精熟學習關卡，將學習狀態區分為「開始、一、二、三、精熟、掙扎」六個等級，答對一定題數、連續答對即可升級，每次等級提升需有一定時間間隔，避免練習題成為短期記憶的拼圖。學習狀態會顯示在技能進展的頁面中（如掙扎為紅色），讓學生可以清楚掌握自己的情況，調整學習節奏（如圖4-2所示）。

　　技能進展系統的設計，除了保有建構式數學所重視的探索與理解過程，也兼顧傳統教學強調的計算、解題能力，讓學生可以按照自己的節奏，一步一步建構數學知識，即便在課堂上沒有聽懂，放學後只要連上網路，就能針對不理解的地方進行補強，讓學校不再是唯一的學習場域。學生端的回饋也普遍認同均一教育平台能對學習有所幫助，如下情況：

　　「這個（均一教育平台）很方便啊，忘記怎麼算就上去看，看一看就想起來。」

　　「不懂就再看一次，看幾次通常就會。」

　　「我覺得蠻有幫助的，因為可以一直重看，也能看更久以前學過的東西。」

　　「可以看到別的教學方法，本來不會的可能就會了。」

　　「可以先預習，上課就比較容易聽得懂。」

　　「做錯馬上就知道錯在哪裡，不像作業和考卷，等到改回來都忘了。」

　　「每天寫一點比一次寫很多容易記住，這樣才不會忘記。」

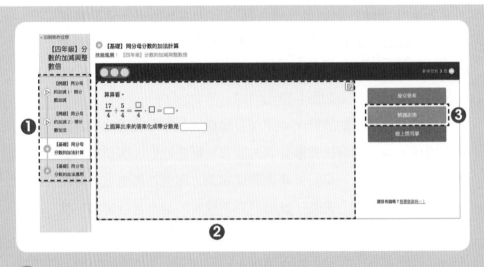

功能分析

① 旅程具象化：練習題的顯示頁面左側，都包含時間軸概念呈現，學生能了解自己的學習旅程位置。
② 實戰區：練習題答題區域。
③ 即時輔導：遇到不會的題目，右側提供即時的指導解題說明。

圖4-2：均一平台技能進展系統學生端練習題的功能分析

實際教學中只有老師會看到詳細的學生技能進展規劃，且老師必須自行從一年級課本翻閱到六年級課本，並進行整理歸納才能將各科進展的地圖詳細了解。均一的技能進展系統，已經將各科按照年級或是單元進行整理，老師跟學生都可以很快地得知，學習某個單元前要先具備哪些哪些能力，並且了解此單元學完是要接續哪些學習。另外，教學者方面，也能藉由均一所供的「ShareClass」開放平台，與全臺老師進行教材的共備與共用，幫助中小學教師彼此探索創新的教育靈感、搜集優秀的教育內容，與分享自己設計的講義與學習單，共同為臺灣教育貢獻心力。

根據ShareClass 2020年的數據，已包括近7,000份全臺各地老師製作的講義、教材，涵蓋國語、英文、數學、社會、自然等科目，提供教師免費下載。除此之外，為推廣素養教學，也聯合外部單位生活化教材，例如：Taiwan Bar、CoolEnglish、LIS情境科學教材等，都是均一的課程合作單位。除了基本的可以利用單元類別及關鍵字來「快速搜尋」需要的課程，想要「即時預覽」及「下載」以進行後續使用，也不受到限制。教師端的回饋也能看出在教學上得到的助益成效，一位老師提到：

　　「上面的內容幫助我找到更多元檢視學生學習成效的做法，協助學生能馬上發現自己的盲點真的幫助很大，有趣的教學影片使學生也能在我們的引導下，自行在家複習觀看，不再只是用分數打擊他們的學習興趣。」

　　進入2021年，ShareClass的講義平台功能的更新更響應年輕族群的社群軟體使用習慣，推出「追蹤」功能，彷彿教育界的Instagram及微博一般，當欣賞平台中某位教師提供的新講義或教學心得分享時，可以按下「追蹤」及「通知」功能，即時獲得最新上傳資訊。另外，還包括LINE通知系統的建立、課程檢視頁面（含講義瀏覽、其他作者連結、收藏與分享課程等）友善操作化，都是均一幫助現場教育工作變得更簡單的努力足跡。對師生來說，學習的脈絡透過系統歷程而更加清晰，學生對自己學習狀況的掌握度也會增加，幫助自學不會迷航，老師則是可以透過物件的視覺化，更快速了解學生狀況，備課時也能利用ShareClass，更專注在課程設計，卸除師生不必要的壓力。

(二) 智慧型任務讓紅利

　　差異化指派系統賦予學生智慧型的任務以贏得紅利。教學現場關於常態分班衍生出的相關議題長期持續討論中，對於學生能力不一致所造成的問題，解決之道不外乎合作學習、課程多元化、多元評量等。但對教師而言，應付一般教學已經消耗掉其所有心力和時間在重複講解、改作業、考卷、聯絡簿上，無暇回應學生更複雜的需求。加上備課的時間與精力均有限，大多仍只能選擇最有「效率」的布題與解題方式進行，無法實施需要更多心力準備的差異化教學。教師更害怕失去對教學節奏的控制，導致進度落後，只能忍痛忽略學生之間的能力差異。

　　均一教育平台希望能成為教師的「智慧代理人」，讓均一的

系統功能代為執行教師例行任務，包括題目的講解、庶務（例如：改作業、考卷）等，教師能專注於無法被科技取代的任務，包括班級經營、回應個別問題、輔導困於不同迷思的學生等，以降低老師進行差異化教學的難度。其系統設計以下功能。

第一，前測：了解學生是否適合進入新單元。均一教育平台建立測驗題庫，讓老師在課程正式開始前，可以輕鬆準備好線上測驗，邀請學生做主題式跨年級的綜合習題。例如：數與量（大主題）之下將包含「分數」主題，而該主題下又有十二個次主題，跨年級條列出，提供教師作布題選擇：包括三年級「同分母分數加減」，四年級「帶分數與假分數」、「分數的加減與整數倍」、「等值分數」與「用分數表示整數相除的結果」，五年級「擴分、約分和通分」、「異分母分數的加減」、「分數的乘法」與「整數、分數除以整數」，六年級「分數的除法」、「比與比值」與「正比」等。

學生作答完畢後，平台會批改學生答案，進行統計分析，顯示學生目前學習狀況，老師在後台可以看到「前測分析報告」，包含學生的作答進度（包括未開始人數、進行中的人數、完成人數）、各題答題狀況（包括答對人數、答對比率、個人答題狀況）和複習建議。複習建議會顯示各題關聯次主題的教學影片與練習題組，老師可視個別作答情況指派複習任務，例如：觀看教學影片，或是作答練習題組。透過分析功能，老師不用額外費心觀察學生在不同單元的學習表現，可以直接用統計資料判斷，如圖4-3所示。

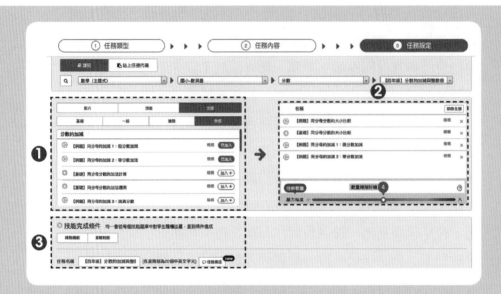

功能分析

① 任務庫選品：教師可於任務庫選擇前測的主題與題型，包含觀看免費教學影片，或例題演算等類型。

② 選定任務瀏覽區：布題完成後，選定的主題與題型會跑到右側的任務彙整欄位；系統同時會顯示教師選定的題目數量、難度所造成學生學習壓力程度的現況建議。

③ 客製化任務機制：教師可以依照對學生學習狀況的了解，選擇要精熟機制，還是累積對題機制。

圖4-3：均一平台差異化指派系統教師端指派介面分析

　　第二，布題：同質性分組指派適合的學習內容。平台會自動按照前測成績進行同質分組，便於分派不同程度的任務。如同上文提到的題庫，均一教育平台也建立「任務庫」，任務包含教學影片、技能（練習題目）兩種形式，各單元底下分別有基礎、一般兩種難度的教學影片和技能。綜合練習則有一般、進階兩組不

同難度的題庫，一組題庫有十五題。

　　老師在後台可以透過「任務分析報告」，了解學生的作答狀況（包括未開始人數、進行中的人數、完成人數、需要幫忙人數）、任務完成狀態（包括完成率、答對率、個人影片觀看秒數、個人答對題數與作答總題數），並會提供錯題集，統整學生作答錯誤之題目，且詳細記錄學生開始至答案正確之間的點擊歷程，包含每個動作間所花的時間、答案錯誤的次數以及內容紀錄、使用解題說明的次數以及時機。老師不再需要耗費心力用人工統計，就能馬上了解班上學生都在哪裡遇到困難，哪個相關概念需要再次澄清。教師使用之後普遍意見如下：

> 「從前問學生有沒有問題經常是不回應，現在在線上一清二楚，我也不用特別再花心力找出問題點，很方便。」
> 「學生該題目無法自己回答，選擇使用解題，那麼我就可以知道他該觀念可能有點狀況，需要介入指導。」
> 「學生在哪個觀念思考時間過長也會顯示出來，這我覺得很棒，因為或許他懂，但不熟悉。這樣我就會請他多練習幾題，後台也能看到他多練習幾次後的進步。」

　　分配題目時均一教育平台也把每個單元切成基礎、一般以及進階題型，可以根據不同程度的孩子給予適合的題目，搭配技能完成的兩種不同條件，一種是條件較為嚴苛的搭配遺忘曲線進行時間間隔式的「精熟機制」，另外一種是條件較易達成的「累積對題」，可以給學習狀況不一樣的學生不同方式進行習題的練習

（如圖4-4所示）。

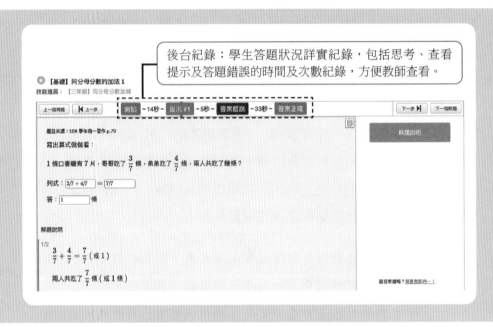

圖4-4：均一平台差異化任務指派系統學習歷程紀錄教師端介面

　　　　傳統上進行前測是利用在校時間，現在可以將前測放在還沒
到學校的時間進行，並且能利用前測資訊先行了解學生再進行分
組，省下來的時間可以進行更多教學活動。原本老師需要花時間
親自觀察寫考卷的歷程才能得知的學習狀況，平台已經協助記
錄，並且利用顏色跟時間點記錄，讓老師可以用最短的時間抓取
備課所需的資訊。例如：學生在某題的提示與提示之間的秒數很
短暫，可以推測這題對該位學生來說是較有困難度的，那在教學
活動中即可針對此題的概念下手。搭配差異化的任務指派，讓學

生在符合自己學習進度的狀態下練習，並且系統會自動批改、記錄歷程、給予分數之外的評量，讓老師不用進行例行性的批改、給分數。

(三) 能量點數進退皆興利

多元回饋評量系統讓學生不管做對或做錯都可以獲得「能量點數」。作業和考試的分數忠實地反映出學習成果，但可能忽略學習的過程。這與心理學界所稱的「習得無助感」息息相關，這個概念通常包括三個要素：面臨失敗時有放棄的傾向、避免把失敗歸因於個人的責任、當責任確定時傾向把失敗歸因於缺乏能力而非缺乏努力。來看看兩位學生對學習的反饋：

> 甲生：「反正我上課都聽不懂啊，乾脆不要聽，睡覺比較實在。」
>
> 乙生：「有準備也是不及格，沒準備也是不及格，那我當然不要準備。」

學習成果固然重要，但學生付出心力學習，卻沒有在成績上獲得回報已經是很大的打擊。如果老師、家長沒有肯定其努力，一味追打分數上的不理想，學童有可能痛定思痛，反省自己的學習策略是否需要修正，更有可能認為「反正自己就是笨」，從此放棄思考。為了「接住」這些對自己失望、開始自暴自棄的學生，均一教育平台希望能針對學生的努力進行回饋，但努力要如何量化？他們的策略可以分為三點來看。

　　第一，兼顧學習過程和學習結果的「能量點數」。能量點數有觀看學習影片和做習題兩種獲得途徑，分別有其獨特的計點方式。觀看學習影片方面，承襲均一平台給予學生的學習彈性，並非要求觀看一部完整的學習影片，而是依照「750點數 ×（有效觀看時間／整部影片時間）」的計算公式，按秒發放點數，尊重每一位學生的學習節奏。做習題方面，「任務技能」活動中，每答對一題增加一次能量點數，數值依題目難度、使用提示數量、答錯次數增減。如果該技能已達精熟，連續答對題數越多，獲得分數將會遞減，目的是希望學生能夠練習其他技能。

　　第二，提供多面向的鼓勵「徽章」。除了能量點數，學生在均一教育平台達成特定任務後，會被頒發「徽章」，證明並認可其學習努力，可自由選擇固定數量徽章於個人頁面中展示。任務包含學習成效、努力、互動狀況等向度，比如：累積觀看影片時間達二十分鐘能獲得「新手影評」徽章，任三個技能達到精熟可獲得「侏羅紀」徽章，做題時遇到困難，卻能持續練習該技能可以獲得「越挫越勇」徽章等。徽章又依難易度分為隕石、月亮、地球、太陽、黑洞、挑戰六個等級，每個等級都有一段注解：隕石很常見，隕石徽章一開始就容易獲得。月亮是閃耀的一顆星，月亮徽章代表著對學習持續地努力與付出。地球是美麗、富有資源的象徵，地球徽章代表在學習上成功找到資源與方法。太陽徽章則代表經歷烈焰的考驗。透過任務成就系統，可以多面向、多階段地提供正向回饋，鼓勵學生繼續學習（如圖4-5所示）。

　　第三，團隊合作與全國競賽：「星空探險隊」。除了一對一

的個人回饋，均一教育平台從2016年開始舉辦技能精熟班級積分競賽「星空探險隊」。以班級為比賽單位，隊員每完成一個技能就能獲得「星空點數」，等級一得三分，等級二再得一分，等級三再得二分，精熟再得四分。團隊積分計算方式為全隊隊員的星空點數加總除以班級總人數，每日全班至少一半的學生有做習題，可以獲得額外星空點數。因此學習不再侷限於個人的成就感，更昇華成為整個班級的團隊榮譽感。

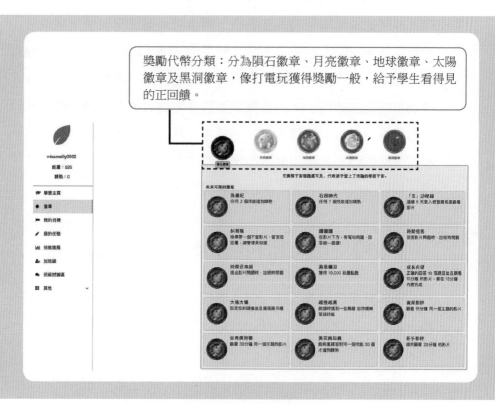

圖4-5：均一平台學生端多面向與多階段鼓勵徽章一覽

　　各年級全國平均得分前十名可獲得獎狀和稀有徽章，各年級全國平均得分前三十名可獲得稀有徽章。全國競賽的參與其實也有穩定成長的趨勢，以第三季（2017-2018）為例，就有17,339人報名，使用平台人數就往年增加31.6%、平均使用時間增加103%、平均使用天數增加66%、平均獲得精熟數增加162%。

　　傳統上老師指派作業對學生來說是回家後「多出來」的負擔，如若運用獎勵機制提高作業完成度，老師則需要費心力進行獎勵制度的規劃與執行，一方面也會擔心如果獎勵走的是物質路線，容易抵銷掉學生的內在動機，讓作業或是任務對學生來說，像是額外多出的「麻煩」，而非學習的一環。均一同時注重過程以及結果，讓學生付出跟學習的內容都能轉換為能量點數，並且透過不同面向的徽章，讓各種類型的學生能有機會嶄露頭角，同時將「團體動力」的概念套入，運用與其他團體競爭的方式，激起同學間的鬥志，用作業跟任務讓學生更有成就感，原本的「負擔」對學生而言不再是「多出來」與「麻煩」的事情[5]。

三、策略回應：藉利使力建立知識地圖

　　面對教學現場的忙碌、茫然與盲目，均一如何破解？接下來將分析線上系統設計的背後如何創造槓桿效應，藉「利」使力來化解制度力。

(一) 卸壓力：教育生態圈

　　技能進展系統是均一幫助教學現場教師擬訂學生進步地圖的精心設計。這個構想來自於宜蘭與均一的合作案，時任宜蘭縣教育局的吳明柱課督（課程督導）親自走入許多教學現場，深入了解教學實況。現任誠致教育基金會執行長吳明柱提到老師現場教學上遇到的最大困難，就是教師面對一整個班級學生，只要有學生的學習「脫隊」，尤其達到三個年級以上的落差時，要幫學生銜接回目前的學習步調就非常困難。一位教學現場與均一合作的老師就曾表示：

　　「例如現在上『異分母的相加』，甲同學原本對『同分母相加』就不會，那這個單元肯定不會。如果配合『技能進展系統』，我們就可以簡單地追蹤到甲同學之前分數相關的概念在哪一年級、哪一單元產生迷思或錯誤觀念，接著連接過去該單元，讓他在課堂中能利用平台的影片複習同分母相加。同時間沒有問題的學生就能繼續學習新觀念，朝下一個新技能邁進，亦即同時間內一間教室內所有的學生都確保進步的可能性！」

　　課堂的時間在均一的幫助下，確保每一位師生都能充分地利用。老師有機會透過指導學生自行設定適合自己的目標，引導其建立學習計畫並且帶入檢核機制，慢慢將學生引導為一個自學者，並持續、穩定地保持進步。在考試文化下，老師對於學生技

能進展的掌握也經常愛莫能助。因為考完試之後學生不會的部分仍然是不會，又因為進度壓力，老師通常也沒有多出來的課堂時間回頭再教。不只是如此，如同前述，即使有時間，學生的成績無法即時反應是哪個單元不理解，使得老師需要花很多力氣才能找到學生的迷思概念。均一在考試卷的檢討方面也可以協助，學生如果在練習過程中出錯，能夠反饋出是哪個概念不會，然後透過此平台上能夠很容易地指派這個概念的教學影片，讓學生先看影片進行學習。

均一的各類免費主題、次主題數學概念解說影片，除了提供學生能夠反覆地重新針對學習痛點多次溫習，也搭配知識脈絡的引導概念，幫助教師對於各個觀念的學習，大幅節省需要於哪個年級、單元，以及將哪些基底觀念學好，才能順利銜接現在學習目標的爬梳功夫，課程進度及學生學習迷思之解惑需求都被照顧到。

通常像這樣的技能養成歷程，必須要仰賴老師對國小課程綱要、數學科教材深厚的理解，並搭配逐本翻找的苦工，才能夠幫助學生建構一個逐步推動各科前進的地圖。均一創建ShareClass社群，並將此複雜的資訊系統化（技能進展系統），同時把握住教師與政府都在意的「教學須符合綱要」作為槓桿點，使原本是麻煩事的「遵守綱要」變得省力輕鬆，教師社群間也能有充分交流使用方式的機會。

在面對政府方面，均一所做的努力其實遠比表面看到的更深更廣，布局已久。早在獲得Google.org的100萬美元加速計畫支

持四年以前，2015年起，還未成立基金會的均一就已經開啟與中央、縣市政府的多方合作[6]。當時的均一還只是個小小的線上教育平台，與教育部國教署、屏東縣政府、苗栗縣政府合作「數學科補救教學試辦計畫」，並於「國民小學及國民中學補救教學資源平臺」的「教學資源」設立專區，穩定更新教學資源。計畫至今，能夠清楚從數據中發現，經過均一所提供的教育資源協助，在苗屏其中的16校前後三次的測驗結果中，孩子整體通過率提升超過五成，而這項合作逐漸改變學校老師思維，讓均一成為老師課堂上的得力助手。此外，均一也進一步建構師培系統2.0，協助老師將教學數位化。並與新北市教育局合作成立新北市科技化學習扶助教學中心，導入均一研習系統，成為中心的首要師培認證機制。

　　發展至今，均一與政府的合作變得更加密切[7]。例如：為了回應108課綱的素養議題，均一與北市、專業動畫團隊合作，產出數學與理化影片各60支。統計目前初步使用人次破17萬人次，使用者有20%來自臺北市，80%來自非臺北市。另外，均一也結合多個網路學習平台，並與遠東集團合作，協助新北市成立科技化學習扶助教學中心。另一方面，更與民間出版社南一聯手，將小一至高三的數學課本與習題線上化，讓全臺各地的孩子，能隨時隨地在均一教育平台上取得數學教材來學習。均一積極與教育生態系的官方、民間夥伴一同進行策略合作，希望整合生態系的資源以創造更大的影響力，規模化改變臺灣教育。

　　回顧均一的發展沿革，從2017年世代交棒後，新任的年輕執

行長呂冠緯延續誠致教育基金會方新舟董事長的數位教育圭臬，成立「財團法人均一平台教育基金會」，並且更致力於與各方（包括官方、民間）教育生態圈接軌，不希望均一自成一格，更希望成為臺灣教育大家庭中最堅固的後援部隊。想加入臺灣教育這個生態圈，但又想要做到創新，具體該如何做？由新近成立Education CoLab（教育創新合作社）的例子，我們可以窺得均一不斷力求進步的心思。Education CoLab官網指出，其是匯集人才與資源的實體教育創新聚落。均一面對政府、民間教科書出版社等具備強大制度力的傳統老字號，力求融入與合作，巧妙地免除了硬碰硬的「死傷場面」。另一方面，尋求同質性的個別創新力量並創造合作機會，也是不可懈怠的任務。

　　目前Education CoLab進駐的合作夥伴除了均一教育平台及老夥伴誠致教育基金會，還有「Teach For Taiwan——為臺灣而教」團隊。聯合型創新聚落的產生只是一種形式，但更重要的是串聯資源，這也呼應先前均一就一直持續在做的ShareClass平台價值。教師若配合均一教學，很輕易地就能從ShareClass找到有創新意願的同質群體，交流彼此的創新方案。使用技能進展系統，則方便找到學習某個單元前要先具備什麼能力，並且了解此單元學完是要接續哪些學習，也因為能有效、穩定地進步，無疑替師生們卸除了苦尋進步良方的壓力，學生學得有成就感，教師也因為能確定為「有效的」教學而教得心安。

(二) 省腦力：無死角學習

　　差異化指派系統「前測」的設計，讓老師在課程正式開始前，可以輕鬆準備好線上測驗，邀請學生做主題式跨年級的關聯次主題的綜合習題。這樣的做法幫助老師在正式課程開始前就能先了解學生目前的程度，以及學習的盲點何在。我們分析一名在新北三重任教的高年級導師（以下化名小涵）的使用實務。小涵老師鼓勵班上的學生在寒假運用均一平台複習五年級數學。在小涵老師介紹之前，學生大多沒有接觸過均一平台，但徽章機制成功吸引學生的目光，大部分學生覺得徽章等機制很新奇，後續則依學業成就的高低，有三組不同的反應，也幫助老師輔導不同學生認識到自己學習上的迷思。

　　課業表現較佳的學生在一開始的參與程度很高，對他們來說，要累積能量點數、獲得徽章相對容易，縱使偶有稍微困難的題目，都還在看提示後可以理解的範圍，不會有太大的挫折感；有些學生會使小聰明，去做較為簡單的題目，以取得更多的能量點數和徽章。中段班的學生雖然並不會特別積極地投入看影片及做題，但讓小涵老師意外的是，升上六年級後，有些孩子會持續使用均一平台作為學習的輔助工具，甚至開始練習其他科目和國中程度的題目，中段班學生普遍覺得均一的題目有挑戰性，可以透過影片、詳解等資源自學，從中找到成就感與自信心。

　　學習力較弱的學生會遇到「進入障礙」，試想像現代科技的介面設計雖然已盡可能地友善。但要讓高齡長輩們學會操作，還

是困難重重，學生之於均一平台亦然，要重新適應一個新的學習平台本來就不容易，要學習的內容還是他本來就不拿手、想要逃避的數學，即便獎勵機制有趣，也不一定能讓孩子願意投入。另外，均一平台針對每道題目都有附上圖文並茂的詳解，然而少部分學生的語文理解能力不佳，無法獨立閱讀，需要他人從旁協助。

老師在備課時配合均一平台，可以免去撥出正式課程時間對學生進行親自觀察寫考卷的歷程來得知學習狀況，也因為作答時每一題停留的時間皆會詳細地被記錄下來，老師亦免去掌握學生學習迷思點何在的腦力。在判斷學生學習困難何在所需花費的時間被省下之後，老師也能將換取到的時間與心思，花在實際輔導學生的過程。

程度低、中、高等不同學習狀況的學生都能依循系統，即時地被歸檔到適合自己的同質性考題題庫。均一所做的，就是沒有放掉學生群體的學習程度是「異質性」的事實與特性，並且藉由掌握每個程度低、中、高不同的「異質性」為槓桿點，使得學習變得省力精準，也更有效。

(三) 促動力：價值觀具象化

分數至上的價值觀既已普遍也成為定數，均一平台只能有效運用它，來達到既定的目的。學生的成就感來自於評量後的成績，比較高成就的孩子到達某個程度後，成績「有感的」往前邁進程度變得很有限。對於低成就的孩子來說，可能因為種種原

因，成績往往也無法進步多少，透過成績進步來讓學生感受到成就感效果非常有限。吳明柱執行長就提到，有些老師會利用均一的學習任務累積，讓孩子產生「我學會」的感覺，他表示：

> 「我們不會直接去問學生這個單元考幾分，而是問他最近進展多少？這個單元有哪些進展？那學生就可以看到自己不是一無是處。」

為引導學生去感受自己投入的時間，均一實踐以「具象化的時間」為槓桿點，使進展看得見，讓學習的動力成功增加。除了提升學生的自我效能感，也可以藉此增加學生對於學習的掌握度。每一次良好的掌握都能獲得相應的點數及徽章，甚至能獲得為全班爭光的機會，對中、後段程度的學生都是很有效的鼓勵。當感受到投資的時間能夠得到良好的學習累積時，學生通常就會更願意投資更多時間進行學習，學習動機也能穩定地被提升。均一平台的柔韌設計要點整理如圖4-6。

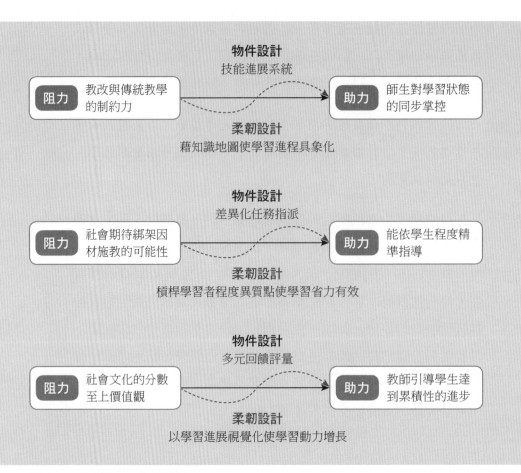

圖4-6：藉利使力的柔韌設計

　　均一的創辦人方新舟期許自己能成為第一線教育者的強力後
盾，間接也就能帶給學生更「均等、一流」的成長機會。學習知
識就有如西遊記裡的唐三藏取經一樣困難，除了需要唐三藏的使
命感，若能邀請到幫你全方位注意危機、智勇雙全的孫悟空常伴
左右，取經之路雖漫長艱苦也不害怕。均一的設計理念正好讓面

臨巨大結構性危機的老師能獲得諸多有效的幫助，並且在面對推動教改立意良善的政府與情緒不安的家長對立的情形時，能一次滿足雙方期待的願望。

均一的設計輔助教師教學，成為幫助教師更能因材施教的錦囊平台，以及輔助學生自學，讓學生從學習本身獲得成就感與學習動機的歡樂平台。他們的成功在不強逼家長接受的情況下，讓師生都漸漸地習慣這樣的新學習模式，並且從使用中「得利」，體會到創新帶來教學與學習更為省力有效的好處，以符合主流價值與兼具個別需求的柔韌設計，達成讓教師與學生都均一與一流的目標。

注釋

1. 教改搭配的相應師培資源稀缺，請參考FlipRobot學術與教育類2019年的專題：〈沒有完整的師資培訓，教育改革也只是空談〉。

2. 請參考親子天下2019年的新聞專題：〈均一教育平台獲Google.org挹注100萬美元 加速臺灣教育創新與改變〉。

3. 更多均一協助精進教學能力的理念及做法，請參考報橘2019年的專訪：〈均一平台董事長呂冠緯：我們並不是要取代老師！而是讓老師擁有不被取代的價值〉。

4. 有關均一的科技輔助自學概念起源，請參考遠見雜誌2015年8月號：〈科技突破時空，每個孩子都能自學〉。

5. 更多使用者的心得分享，請參考均一2020年的家長專訪：〈均一平台看似貢獻在課業，但我認為帶給孩子的效益是更深遠的——專訪均一家長 Martin〉。

6. 請參考均一官網的大事記：https://reurl.cc/zeYRyk。

7. 更多合作項目，請參考親子天下2020年的學習專題：〈以數位治理，
迎向未來新常態，掌握轉型關鍵，帶動教育智慧升級〉。

Chapter 05

清圳華南——有機的社區學校體系

Hua-Nan School:
Designing Organic Community School System

「上蒼啊！我們向祢獻上這微薄的祭品，表達我們的悔改與回心轉意。許諾就在今日，我們許諾和這大地與其上所有的生靈重拾合作的契機，我們許諾要讓自然湧現生機，我們許諾要讓我們的孩子可以繼續享用祢所給我們豐富的天地。」

——時任雲林縣古坑鄉華南國小校長　陳清圳，《謝天》祝禱文

教育部於2016年9月13日發布預告「公立國民小學及國民中學合併或停辦準則」草案，隔年1月9日發布「公立國民小學及國民中學合併或停辦準則」，也為小校開啟危機意識，小校們無不祈禱，希望自己不要「雀屏中選」[1]。小校裁併來自這所學校「生病」嗎？讓我們先對於有機率成為小校裁併名單者，理解一下有哪些特色。依照字面上「小校」及「裁併」兩塊來說明：小校，規模小、文化刺激小，不利於學生群性發展。裁併，急需裁預算、併人力，在人力及物力資源上已明顯有經營負擔者。

換句話說，當時的華南國小在教育當局的眼裡，小校裁併不僅能緩解該校的經營負擔，也可能改善學生的學習環境及增加文化刺激，其群體適應性亦能順利提高。這樣的政策按理來說應是美事一樁，但有另一派專業人士，例如當時的雲林縣縣長祕書陳振淦先生，認為偏遠學校不宜輕廢。若廢除，除衍生出意想不到的後遺症之外，他們也認為偏鄉學校的存廢不應該被都市的主流價值決定，而是要找出自己的亮點。

要分析面臨廢校命運的小校其可能要面對的制度阻力為何，最快的方式，即是要從深入理解一所正在面臨這般命運的小校開始。因此本章會先介紹個案場域，從充分地了解「華南國小」開始，誠如要化解制度力，就必須要深入解制度力，以及它是以何種樣貌「現形」，影響創新的推行。我們會透過陳清圳校長的視角，來認識華南國小面臨的制度阻力。第二節則會介紹改變華南國小併校命運的推手，陳校長如何安排策略以回應制度阻力。最

後再來分析陳校長的柔韌思維有哪些值得學習的地方。

一、制度阻力：深入廢校找病因

　　華南國小是一所很典型的偏遠學校，地處海拔300多公尺，交通非常不便利。你我可能很難想像其偏遠與不便的程度，我們試著以同樣位於古坑鄉的著名景點「劍湖山世界」為地理參考點，由本島各地去此名氣甚高的遊樂園都不太方便，若以北部為起點，開車至少要三個小時，更別說是比起遊樂園尚多四公里遠，且位於崎嶇山間、完全沒有公車往返的華南國小。當時最近的公車站為華南路口，距離華南國小近兩公里，僅一班公車往來華南路口與火車站，一天只有七班車。這項吃虧的地理問題，也引起接下來我們要談的第一個制度阻力。

(一) 阻絕力：凋零的社區機能

　　交通路線造成阻絕力。當基本的社區機能，包括健康管理維護、交通活絡狀況等，都因為「缺乏」或「沒有完善規劃」而成為社區發展的限制，其造成的影響就不再只停留在社區機能的缺失，進一步很可能會影響到社區民眾接受外界教育資源的豐沛程度，最後影響區域孩子的受教權利也是可想而知。

　　初來乍到華南國小，就令陳校長很有感的這項阻力，學生們可以說是熟悉，卻也不熟悉。學生可能熟悉交通不便利的事實，卻不清楚交通不便帶給學校、乃至自己居住的社區什麼後續的影

響。有一次，陳校長陪著六年級的學生們在校門口掃地，正巧看到一位爺爺和一條狗蹣跚而過。學生問陳校長為什麼那個爺爺每天都要往山下走，陳校長便以此為契機，順勢拋給孩子第一份作業：打聽關於爺爺的消息。

佳霖看到的老爺爺名叫林石定，91歲了，自己住，他的女兒幫他請了一位外籍看護照顧，還收養了一條流浪狗。曾經去台北和女兒住過，可是住不習慣，就搬了回來。每天7點去田裡拔草。

爭取福利與行動

我們請問老爺爺、奶奶們如何去購買生活用品？如何去看醫生？他們都說是用走路的。大部分的老人們行動不方便，而且身體已經不好了還要走路，這樣很容易跌倒或出車禍，因此我們擬定了一些問題，並前往縣政府訪問廖秘書，請教他一些問題。
我們問了1．他們的交通問題2．醫療問題
廖秘書說：「交通的問題，也許我們可以在華南村建設一個公車站牌，讓老人們外出較方便。醫療方面，我們可以請人做巡迴醫療。」

啟動調查：學生調查社區老人的姓名、年齡、同住者及日常生活的作息。藉此分析老人可能遇上的生活困境為何。

推理定策：根據生活脈絡作為線索，進一步推測出交通及醫療的匱乏是社區沒落的重要原因，須從人的生存需求開始面對與解決。

圖5-1：學生專題成果簡報節錄（照片由陳清圳校長提供）

　　第二天，學生興奮地跑來找陳校長，跟校長說有關爺爺的訊息，又告訴校長他們是如何打聽到情報。陳校長趁勝追擊，以「校長剛來到華南，希望能更了解社區」為由，請學生和老師一起研究社區的年長者。調查的結果讓他們十分驚訝：由於食材採買不便，只能煮一餐當三餐吃。沒有自來水，只能用長青苔的山泉水。沒有交通工具，生病時只能忍耐、走一個多小時的路到最

近的公車站，或是等到鄰居也生病，再一起叫車去醫院。學生替老人們感到不平，很希望能幫助他們改善糟糕的生活環境。第一次，學生的學習與社區產生連結，而這次的情報打探任務，最終進行到學生寫信、爭取到與縣政府祕書代表面談的機會，並且將半個月以來的訪談紀錄整理成簡報檔，以具體地呈現真實的社區狀況作結（專題成果參考圖5-1）。

　　陳校長看著孩子們的「專題成果」，第一個想法是：希望從自己能做的開始幫助這個社區改變，無奈事情並不如人意，碰壁好一陣子。首先，陳校長聯絡民營公車，希望能稍微調整既有的路線，讓一班公車能繞進華南社區，就能讓老人家少走一些路，但公車管理單位毫不猶豫地拒絕這個請求。其次，他心想直接溝通不成，來拜託民意代表總該會有進展，故以「轉個彎，華南老人幸福又平安」為口號，希望由民意代表與民營公車打開溝通大門。透過民意代表提出訴求，民營公車的態度雖然軟化，但經過單位主管和司機會勘行駛路線後，仍以路況不易行駛為理由，不考慮調整公車路線。

　　從察覺到「交通」這個硬傷型阻力，陳校長一路持續地想方設法解決，這一連串吃到的閉門羹可不少。雖然令陳校長感到灰心不已，但毫無疑問地，因為生活機能的不便，華南社區已然面臨到很嚴重社區老化問題。而且這個阻力一天不化解，連基礎生活的需求都成問題，更遑論突破小校裁併困境及改善學生學習品質。

(二) 制約力：三個環環相扣的難處

　　課程結構造成制約力。小校的格局往往注定被裁併的命運，這屬於結構性問題。政府雖然有心推動改革，但常是一道行政命令下來，想方法解決問題的還是學校自身。陳校長在華南還沒待幾個月，就收到縣政府的通知：針對一百人以下的小校，必須進行課程改革，如果改革不成，就直接併校。就算有心改革，一些綁手綁腳的困難事實仍然擺在眼前。縣政府的想法不無道理，但回到實務層面上，偏鄉小校要進行課程改革有其難處，最顯著的難處可分為三點。

　　難處一，經費的不足。根據法規《教育經費編列與管理法》第三條規定：「各級政府教育經費預算合計應不低於該年度預算籌編時之前三年度決算歲入淨額平均值之百分之二十三。」每間國小皆像有「最低收入」一般，雖然不會真的口袋見底，但由於各地區歲入的差異懸殊，加上部分縣市歲入負成長，即便有最低保障預算額，依照華南國小的狀況，還是有可能落入連教師人事費都無法負擔的窘境。此外，教育經費的支出分配也讓人憂心，人事費、退撫金、業務費及設備費四大項中，人事費與退撫金占教育經費不少的比例，要用剩下的部分支持學校運作與維護設備就頗為困難，遑論投資課程的創新。

　　難處二，人力資源的短缺。學生數很少的小校，師資人力的需求應該也少，這點人力都沒有嗎？很遺憾答案是肯定的。造成這樣狀況的原因並非單一，而是環環相扣的複雜過程所累積。我

們可以將原因大致分為三點，了解狀況是如何惡化的。首先，有教學經驗、持有教師證的人員，至偏鄉服務的意願就已是偏低的。學校經常數次招師，頻頻放寬標準，從「須有教師證」，退而求其次到「須有該甄選科目教育職前證明」，再退一步到「須大學相關科系或大學畢業」，仍不見得能招募到足夠的人數。

　　其次，由於人員嚴重不足，老師常兼繁重的行政工作。編制完整的學校行政組織包含教務、學務、總務、輔導處，共需4位主任與12位組長的人力，但小校常只有教導、總務主任和教學、訓導組長等4人，中間人力相差12人，行政工作卻沒有相對減少，老師負擔可想而知。

　　最後，教學者的專業度仍在「成長中」的居多。在前述人員不足，工作又繁重的情況下，當時華南國小的師資群有「非正職、年輕及資淺者相對較多」的特色。根據當時（陳校長進入華南國小前一學年度，即104學年度）教育部各級教育人員統計概況分析指出，偏遠地區國中小老師合計18,263人，其中教學年資未滿五年者占29%，長期代理老師比率為18%，年齡未滿30歲之老師比率為13%，將這些數據分別與非偏遠地區學校的同項目做比較，分別高出約11個、6個及5個百分點，顯示偏遠地區老師屬於非正職、年輕及資淺者相對較多。綜合以上三個原因，加以原因之間的環環相扣，交互累積、惡化，華南國小便成為到職的師資人力「一年一輪」的轉運站，且習以為常。不僅行政事務交接頻繁，更不利於老師與學生培養感情，不論於公於私，都是沉重的負擔。

　　難處三，師資品質的提升也是困難重重。承接上述難處二，那些剛來到學校、低年資，或甚至本身僅是代理身分的老師們，教學專業本來就尚待磨練，卻得面對偏鄉交通不方便、進修資源不易取得的「類隔離」狀態。再者，偏鄉學生不同於師資培育體制普遍假設的典型範本，常使得這些資淺的老師們就算招式用盡，仍心有餘而力不足。這其實不難理解，試想，如何要一個連製作白吐司的基本功仍不穩固的烘焙師，直接跳級完成進階版的三色吐司製作呢？三色吐司相較於白吐司，在整形和發酵上需注意得更多，功夫得要更深，如同教師需要更有經驗才能應對這樣非典型的孩子。同理，偏鄉學生的學習比起都市的孩子，更是依賴教師專業的洞察力，但資淺的教師們卻很難做到。對偏鄉的孩子而言，那些「非典型」阻礙學習的原因往往才是關鍵。他們學不會的原因與都市小孩的原因不同，不想學的原因也常常另需深究。

　　回顧上述三個難處，在未能導入相應的「資源」與「支援」前，就抱有過高的期待，當然只能落入惡性循環[2]。延伸的結果就是，老師行政繁忙，備課時間被壓縮，又受人力資源不穩定影響，學校凝聚力弱，缺乏認同感。因此老師普遍無深耕意願，縱使滿懷熱忱，也有心無力，讓使命感逐漸被現實消磨。最終在欠缺教學熱忱的狀況下，連基本的教學品質也堪憂，這都是我們不樂見的。

(三) 慣性力：家庭即是人生的第一個逆境

　　文化認知累積慣性力。如果在人生起點就沒有「變好」或「進步」的可能性，再正向思考的孩子可能也難免失去希望。偏鄉孩子有相當高的比例需要面對「早期逆境經驗」，背後原因包括父母在外地工作、隔代教養、缺乏照料，或是經濟弱勢、學習上的挫折等。為生活，孩子們在放學後可能需要花很多的時間做家事。為協助維持家計，讀書、寫作業的順位不再優先，協助家裡賺錢可能更是重要。再加上家中常無人能督促、協助解決學習瓶頸的家庭類型居多，學生只能將問題帶回學校請老師幫忙，或是乾脆不解決。社會與家庭無法給學生支持，教導的責任全都落到老師的身上，與教學直接相關的問題可分為兩大點：

　　第一，學生讀不懂課本。課本內容因為多取自都市內的文化情境，不易讓偏鄉孩童理解，加劇學習上的困境。以生活經驗來說，華南的學生與都市小學的學生相比，就有很大的不同：以三年級數學課的圖表為例，臺北學生熟悉的「捷運時間表」、「高鐵價目表」，對於偏鄉學生可能是完全陌生的用語，要利用這些元素來「幫助」學生理解新的數學概念，可謂不切實際。

　　第二，學生有意請求幫助的，不一定是課業。學生家庭所衍生的問題常會被帶到學校來，陳校長常須肩負起輔導的任務。一方面是學生遇到的困難很可能直接影響到他的學業表現，一方面是學校是學生少數可以求助的對象，於情於理，總希望在能力範圍內給予學生協助，也意味著在學校的工作負擔將更加沉重。

　　你可能很難想學生需要幫助的「不一定是課業」是什麼意思，陳校長曾舉過例子：有些孩子家庭破碎，爸爸喝酒，就放任孩子在外遊蕩，甚至有沒有在家裡都毫不在意。又或者，學生隔天來上課，身上就多好幾道瘀傷，一問之下才知道受到父母親吵架波及，並請求陳校長幫幫他們家。孩子求助管道有限，但是師長的精神與能力也有限。上述由制度力所致的阻力造成社區失能、學校失格與學生失望三個項目，其內涵統整於下表5-1。

表5-1：華南國小面臨制度阻力統整

制度阻力	交通路線的阻絕力	行政結構的制約力	文化認知的慣性力
內涵分析	阻力類型：R-法規體系 說明：學校所處社區生活環境糟糕。學生們約略知情，卻對社區帶來的受教影響無能為力。	阻力類型：N-社會規範 說明：落入連教師人事費都無法負擔的窘境，經費的支出亦缺乏改善學校困境的精準性。	阻力類型：C-文化認知 說明：偏鄉孩童所受文化刺激低，課本情境中的陌生用語，並不是幫助他們進入學習狀況的適合要素。
阻力造成的結果	交通、醫療、環境衛生等基本生存困境。	課程改革人力資源短缺。	學生家庭困境影響學生心智穩定與成熟。
	說明：華南社區已然面臨到很嚴重社區老化問題，公車管理單位不願支持改善交通條件，醫療管理單位也已放置社區面臨的困境多年。	說明：問題包括專業人員至偏鄉服務意願低、教學人力稀缺卻仍要教師花大把心思兼顧行政工作、教學專業成長中的教師人數多。	說明：家庭困境五花八門，包括酗酒的父母、離家出走的媽媽、家暴事件，甚至家裡的經濟問題等，皆使得年幼的孩童精神緊繃，難以專注在學習上，而易出現偏差行為。
		師資品質提升困難。	
		說明：交通不便、學生普遍屬非典型，都使教師新血無法注入，也缺乏進修資源。	
備註	R：法規體系(Regulations)，N：社會規範(Norm)，C：文化認知(Cognition)		

　　學校的改革還未有眉目，陳校長就處於一個可能隨時會有一個家庭聯絡他「出事」的高壓力環境，也讓他備感不能再拖，必定要趕緊將問題彙整，找到化解問題的施力點。上述失能、失格與失望，各種阻力盤根錯節，也讓我們的觀察視角，從教學或學習現場，拓展到學校所在的社區。

二、創新設計：醫呼百諾，重建學校體魄

　　2006年夏天，陳清圳以代理校長身分，接掌當時列於「小校裁併」首要處理名單中的華南國小，身負改革重任，眾人卻一片不看好。三年後，華南國小成為教育部於2009年公布的十大經典學校之一，揚名於以山為師的謝天精神，以及走入社區的咖啡課程。許多家長費盡心思，就是為了要讓孩子成為這裡的學生——我們很難想像，如此熱門的一所學校，在不久之前才面臨嚴峻的倒校危機。

　　身負拯救偏鄉小校如「救世主」般的期待，陳清圳校長體悟到，要讓小校繼續生存並非易事。作為企圖找到阻力突破口的創新者，上一節討論陳校長面臨的三大難題。一是凋零中的社區機能：包含交通的問題、社區高齡化與民生資源不足的問題。二是課程改革的難處：從資金面、人力面，到師資品質的增進，皆造成改革心有餘而力不足。三是學生早期逆境經驗的影響：當學生的家庭就是逆境時，已然沒有心力化解學習的逆境。如此困境下，陳清圳校長又是如何創造古坑教育奇蹟[3]，使華南國小的改

革發生？這個精彩的過程讓我們依循著三個奇蹟發生的關鍵事件來了解吧。

(一) 制度對話，導入社區醫療資源

陳校長正面向民營公車求助交通上的協助無果，雖然難過卻也無放棄的打算。他選擇換一條發聲的管道：向報紙投書。投書中，陳校長感嘆政府與人民間有一道無法逾越的高牆：

> 「早期我從事環境關懷，遇到的大多是社會菁英，這六、七年來我接觸社會的最底層，包含農民、老人、偏遠小學等弱勢。我發現政府做的還不夠。不夠的原因是我們的資源有限，卻分配不均。而掌握資源的人，當然比弱勢更能取得資源，因此，政府的態度很重要。決策者如果心態偏向財團，社會貧富差距將只會更大。」

文章刊登不久後，陳校長接到健保局的來電。健保局認為這篇文章對它們造成嚴重的傷害，陳校長便藉機邀請健保局：「你來華南實際走一趟便知。」健保局相關人員來到華南，看到獨居老人真的在喝滲出來的地下水、為了看醫生走一兩個小時去搭公車，大為震驚，同意聯繫醫生公會，派駐點醫生上山。但有兩個條件：第一，校長要負責張羅醫療站的硬體設施並負責營運。第二，就診人數需達到單次平均九人。

為達成上述條件，第一個要解決的就是營運的場地問題。所幸在華南國小旁邊有一間廢棄的衛生室，沒有煩惱太久，陳校長

邀請學校師生和社區居民，利用空閒時間投入打掃、粉刷等裝潢工作。第二個是費用的問題。要張羅出一間醫療站，所需花費十分可觀，陳校長當然沒有這些預算，於是四處和朋友打聽熱心公益的廠家，希望能打動老闆的惻隱之心，透過分期付款或折扣等方式，減輕金錢上的負擔。抱著一定要把醫療站蓋出來的決心，陳校長親自走一趟嘉義的磁磚工廠，和老闆說明來意和需求，老闆聽罷，就帶著陳校長走到他的倉庫，並表示願意無償提供磁磚。同樣的感動也在一家廚具行發生，陳校長向廚具行的老闆詢問有沒有二手或瑕疵的流理台要賣，並將華南的故事娓娓道來，老闆思考良久，最後決定捐贈一組流理台去學校，還熱心地找獅子會協助裝設遮陽板。

在陳校長的真誠、社區民眾的熱心和老闆的善意支持之下，醫療站大致完成，並由健保局協調賴成宏醫生每週兩次，帶著護理師和藥劑師上山看診。但是看診人數單次平均九人的標準，礙於先前交通問題的解決未果，仍是一大難題。華南社區地處山區，涵蓋面積不小，路段崎嶇，也沒有大眾交通運輸工具，居民要來到醫療室看病，雖不像過去跑醫院這麼不方便，卻也是千里迢迢，要走上不少的路。為讓就診量達標，陳校長和當時華南國小一位熱心的家長爸爸，也是時任的家長會長——蔡耀仁大哥商量，兩人輪流開車接送病人，並在開診之前，讓老師、校護和村幹事拜訪居民、發放傳單。

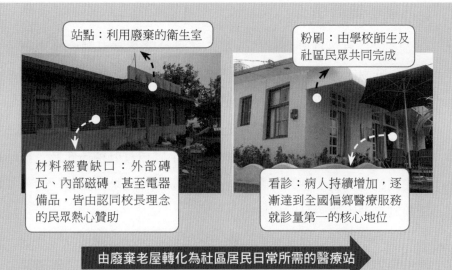

站點：利用廢棄的衛生室

粉刷：由學校師生及社區民眾共同完成

材料經費缺口：外部磚瓦、內部磁磚，甚至電器備品，皆由認同校長理念的民眾熱心贊助

看診：病人持續增加，逐漸達到全國偏鄉醫療服務就診量第一的核心地位

由廢棄老屋轉化為社區居民日常所需的醫療站

圖5-2：醫療站完工前後影像與重點分析（照片由陳清圳校長提供）

　　拜積極宣傳所賜，第一週的就診人數達標，但陳校長和蔡大哥也意識到，由兩人接送並非長久之計，交通問題急需解決。首先針對硬體部分，陳校長對外招募到一輛小巴士，經過一段時間的努力，從縣政府爭取到一位多元就業人力為司機，並持續透過義賣、勸募等方式，支付司機的薪水和醫療站的營運費用。隨著陳校長的努力，醫療站的服務對象不再只是華南社區的居民，病人也持續增加，後來達到全國偏鄉醫療服務就診量第一。學校更是逐漸成為地方的產業、醫療與文化核心，與各個村落形成一個有機共同體[4]。總算一切上軌道，改變開始，奇蹟逐漸發生。

(二) 咖啡經濟學

　　陳校長有意推動課程的改革，並且希望邀請老師們集思廣益，為華南進行「量身訂做」。一開始並不順利，大部分老師們因為不足的改革資金、人力資源短缺等問題，對改革沒有信心，只有少數老師願意和陳校長一起打拼，直到縣政府開始聘請課程設計的教授，替老師們增能進修，再加上陳校長的積極作為，事情才開始有轉機。老師的態度從冷眼旁觀，慢慢地轉變為配合，學校的風貌也開始有所改變。

　　老師經過課程設計培訓之後，決定以咖啡為主題進行校本課程的規劃[5]。之所以選擇咖啡，倒沒有太多深刻的考量，僅僅是因為老師都喜歡喝咖啡，而恰好咖啡是雲林的重要農作。也或許，正因為雲林產咖啡，才滋養出當地的老師喝咖啡的習慣與愛好，並得以發展出包括生態、產業、在地與全球化等觀點的課程。校本咖啡課程的重要內涵有三，每一項都深遠地影響孩子的學習，以無形方式涵養孩子的價值觀，與豐富前所未有的文化刺激。

　　第一，以咖啡達人為引子，提醒創新的精神。老師除設計課程教導學生咖啡相關的知識，更主動請咖啡達人教大家煮咖啡。學生跟著咖啡師和老師的指示，煮水、倒咖啡粉、攪拌，絲毫不敢馬虎。第一次用自己的手泡出一壺咖啡，陳校長鼓勵他們喝喝看，孩子們一喝，被苦味嚇一大跳，陳校長以此為契機，在稱讚他們學會沖泡之餘，討論起泡咖啡的原理，除提點學生，更多是

要提醒老師不要讓課程只是技術的複製，而要揭露出背後的原理原則，才有改良、創新的可能。聽完陳校長的一番話，孩子們拿著燒杯和酒精燈，開始研究如何泡出一杯好咖啡，幾個月後，這些學生受邀去參加社區咖啡節的煮咖啡比賽，一口氣就包辦前十名中的九名，更在全國咖啡達人競賽，獲得青少年組第二名。

邀達人：邀請咖啡達人到場教學，咖啡豆呈茶、深、黑褐色的味覺差異認識。

訪國寶：拜訪臺灣國寶級咖啡專家，與黃耕子老先生取經學習。

圖5-3：多元不平凡的咖啡課程（照片由陳清圳校長提供）

　　第二，臺灣咖啡地圖走透透，豐富學生的文化能量。要懂得泡好咖啡，乃至「設計」一杯原創口味的咖啡，僅是單一的文化刺激是不足夠的。因此陳校長帶著孩子實際走訪「臺灣咖啡地圖」：從宜蘭出發，參觀臺灣第一家生產罐裝咖啡的工廠，拜訪其玉里農場的咖啡園，再到屏東推動「加走咖啡」課程的佳佐國小取經學習，最後再回到古坑鄉。旅程結束後，校長帶著學生去

拜訪臺灣唯一一位領有日本證照的咖啡專家——黃耕子老先生。在日據時代，要種咖啡樹必須先有日本人頒發的證書，黃耕子受日本人對咖啡園嚴格管理的影響，九十歲餘高齡仍對咖啡產業心心念念。孩子們跟黃老先生暢談一路上的所見所聞，也聊到現在臺灣咖啡產業的衰微，以前輩的觀點分析給孩子們聽。

第三，以孩子們的咖啡經濟學幫助在地小農。2003年，雲林古坑舉辦第一屆臺灣咖啡節，成功掀起本土咖啡風潮。但臺灣咖啡有產量不足、生產成本過高、咖啡園區水土保持等問題，加上未建立咖啡產品品質認定和評級制度，又欠缺對農民的技術輔導，咖啡小農只能自己摸索，一路跌跌撞撞，好不容易讓產量穩定下來，卻又因為沒有產銷管道，面臨無人收購的困境，雲林龜仔頭的咖啡農黃南老先生就是一個例子。

陳校長和孩子們在與黃南老先生進行完深度訪談後，決定幫老先生賣咖啡。咖啡經濟的齒輪要如何重啟轉動？首先，孩子們認為要吸引顧客上門，產品的品質最重要。因此先是拿著咖啡豆請其他咖啡商鑑定，確保品質，強化消費者對本土咖啡的信心。緊接著他們開始思考行銷策略，包括拍廣告、設計包裝、規劃義賣活動等。對於在地小農與學生而言，這樣的產學合作經驗，對彼此皆提供一個重新思考自身營運模式的寶貴機會，有部分的在地小農因為學生們的行動力而受惠，轉而施惠於更有需要的人。例如：在日本311大地震後，部分在地小農與華南國小的孩子們合作義賣活動，一天下來共賣出約三萬元的咖啡，所得部分捐助弱勢家庭，部分援助日本賑災。

(三) 百岳課程：大自然擔任輔導老師

學校得以介入輔導問題學生，除了校長、老師要有熱忱和敏感度，很大一部分是建立在學生對學校的信任。如果學生與學校之間只有冰冷的分數關係，情況會非常嚴峻，而不幸地在過去，華南師生的關係始終停留在最黑暗的上下關係。在學校裡，常只談獎懲制度，少有溝通，老師認為學生應該聽他的，孩子也不被允許犯錯，做錯事就必須懲罰，沒有一套討論、理解錯誤怎麼發生的機制存在，威權成為老師和學生間的一道鴻溝。陳校長認為學校並不是一個懲戒制度，應該要跟孩子好好相處，並在過程中找到不同的策略，讓孩子有機會成為更好的人，而他也盡力將這樣的觀念帶給華南的老師們。

要改變學生與學校的關係，首先要讓老師們放下心中衡量孩子是「好學生」還是「壞學生」的那把尺。百岳課程的展開，源自於陳校長非常想幫助的一位學生──雲豹。雲豹因為無法適應原本的學校，而後轉到華南國小。他完全符合大眾對「壞孩子」的想像：功課不好、不服管教、總是和同學吵架。即便老師試著用鼓勵代替責罵，雲豹的情況依然沒有改善，與同學的關係也只是越來越緊繃。

有一天，雲豹又和同學打起來，被陳校長找進校長室，在了解衝突的始末後，陳校長問雲豹一句話：「雲豹，我們去爬山好不好？」沒有預想中的責罵或說教，讓雲豹一時愣住。陳校長只是拍拍他的肩膀，請雲豹好好想想。隔天，另一位學生小維和雲

豹一起來找陳校長，表示也想去爬山，陳校長同意，但也提出一些要求：「爬山是很神聖的事，沒有好的脾氣，山是容不下我們的……我想要訓練你們當小隊長，當小隊長需要有好的脾氣，也需要有細緻的觀察力，這種領導的特質，必須要從日常生活培養起。」雲豹和小維聽完陳校長的一席話，還是沒有太多反應，但在接下來的幾個星期，兩人每天都在操場練跑，陳校長就知道，

課程內涵分析

① 登山知識養成：學生於行前需要學習登百岳的知識。包括裝備及服裝應如何準備，並通過學校的測驗，了解活動當天的任務特性。

② 堅韌心性養成：百岳課程帶給學生的將不僅登山知識，更包括對自身的成就感、認同感，以及與同儕間的情感累積、不輕易放棄的精神。

圖5-4：百岳課程內涵分析（照片由陳清圳校長提供）

改變已開始發生。

　　要兌現爬山的承諾，必須先和學生的導師商量，有這個「加強教育」令人頭疼學生的寶貴機會，幾乎每位導師都馬上答應。後來又有小思、小欣兩位學生加入爬山的行列，在他們忙著執行訓練計畫的時候，陳校長也和學生家長聯繫，並獲得他們的支持，一方面是學校有告知的義務，一方面也讓學生沒有退路，不能輕易地以父母反對作為逃避的理由。

　　他們的上山過程並不是那麼順利，小思、小欣體力較不足，在陡峭的路段爬得非常狼狽，好不容易到山屋，卻遇上大雨，帳篷還因為不謹慎差點被沖垮。一路上雖然遇到諸多不順，但陳校長也驚訝於孩子們的適應力，並且更肯定百岳課程的設計真正地幫助到孩子們。後來的幾次百岳課程，孩子們已經適應，並找到在教室找不到的自信[6]，雲豹更是游刃有餘，開始照顧其他同學，分享爬山的祕訣，與數個月前總是暴衝、和人起衝突的他判若兩人。百岳課程讓大自然擔任最好的輔導老師。

三、策略回應：化勁卸力的三種診療法

　　中醫領域中，考慮到病人體內經絡身體能量之走向，謂之「氣」，是身體的「脈絡」，用藥須不與之相逆才可能達到預期的療效。太極拳中也有相似的說法，主張應先「氣順」再「力順」，即將氣息脈絡摸透並順之，再行出力。面對偏鄉小校危機的解法有相似的思路，不是套公式，而是適其性而為之、掌握在

地社區習性並擬定相應策略的歷程，亦是一個對個案成長背景的解碼歷程——這是陳清圳校長於華南任職十三年，用行動讓大家學到的一課。

　　陳校長曾在他2013年所出版《一雙手都不能放：力挽狂瀾的陳清圳校長》一書中提到他初入杏壇時立下的志願之一：「一定要到偏遠地區的小學校教書，以實踐教育的理想性。」也因此，面對改革華南國小這份他人不看好的大禮，陳校長選擇接受，也耐心地去找到推動創新的突破口。陳校長的創新何以推動？這需要我們理解其策略回應的邏輯，可分為三點探討。

(一) 機能欠缺成為改造契機

　　要改革偏鄉小校，直觀的制約力常會往「地形崎嶇、金援不足、人力不足」方面聯想。這些都沒有錯，但如果鎖定這些阻力煩惱半天，大多是難有解答，或是曠時費力才能有一丁點的進步。陳校長了解這些都是屬於硬傷，是長期性、結構性的阻力，因此他反過來朝如何創造「吸引子」的方向思考，讓資源可以跨過結構、自己「跳進來」。

　　以解決交通問題為例，陳校長先是從向報紙投書開始，吸引到健保局的人。接著憑藉健保局專員的到訪，爭取到欠缺的醫療人力資源，而醫療人力資源的成功引入，又能順利吸引到磁磚工廠及廚具行的老闆願意投入物力資源。最後，再以手中已有的人力、物力作為新的吸引因子，加上陳校長誠懇、勤勞地奔波洽談，終於順利引入小巴士及固定的司機人力投入華南幫忙。

　　經由醫療服務及交通困境的舒緩，帶動華南國小在在地居民心目中的分量。華南社區吸引鄰近村落的人們都固定會來訪，華南社區醫療服務站「達到全國偏鄉醫療服務就診量第一」的名聲也越傳越遠，華南國小也就自然而然，逐漸成為地方的產業、醫療與文化核心。陳校長的謀略，在於「找到與改革目標有關鍵連動關係的標的物」來進攻，與其先急著對華南國小雷厲風霆地推行新政策，不如先從與學校脈動息息相關的社區來改變，而社區最顯著的醫療問題就成為第一個必須解決的事情。摒除一般向外求助資源的被動做法，校長更傾向主動向外界丟出吸引子，從向報紙投書到向政府爭取到巴士司機，在每一個小改變的環環相扣之下，也得到更多新籌碼作為新的吸引子。陳校長正確的思考邏輯讓人了解到，原來，偏鄉小校要改革的，首要標的從來不是學校，而是從社區開始，從解決在地居民的困境開始。

(二) 以神明重構社區連結

　　其次，是陳校長找到與偏鄉居民溝通的「語言」。華南國小從2006年就開始以咖啡產業進行學校課程設計，學生也隨著課程深入了解到，目前古坑咖啡的困境，關鍵在於顧客對品質的不信任。因此學生試著引介廠商，爭取以較高價位收購咖啡豆的意願，也開始輔導農民轉型無毒農作，希望喚回民眾對古坑咖啡的信任與認同，並要推廣不噴藥、不干擾、不破壞的栽種方式。

　　陳校長憑著一股熱忱，一個一個請社區居民連署，但拿著連署書，陳校長又在想，居民真的會遵守嗎？要怎麼樣才能讓居民

遵守？他一個轉念：居民最怕誰？居民最怕上天，他決定結合信仰的力量，代替死板的宣導。將「有機農作」與「尊敬山林」的概念連結，結合當地的宗教儀式，設計三個祭典：三月惜山祭、四月告天祭、十一月謝天祭，並讓鄉長主祭，而陳校長撰寫祭文。祭文包含詩經和泰戈爾詩集的句子，也包含大家對待土地的情感，在祭文完成後，就邀請居民、學生都來參加，並把有機農作連署書放在供桌上，讓「神明」見證、共同「監督」農民的許諾。

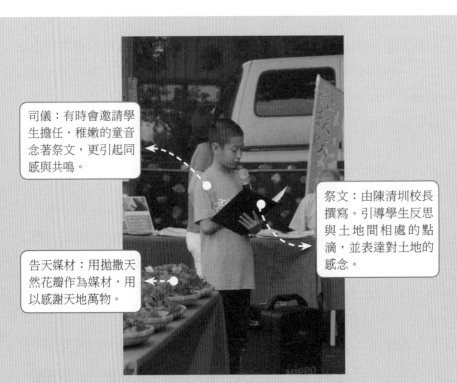

圖 5-5：祭天儀式重點分析（此為告天祭，取自 News and Market，2017/04/24 報導）

以惜山祭的祭文為例，可以看到陳校長在祭文中設計讓居民許下承諾的機會，而這個承諾並不是給校長的，而是給神明的：

> 「春寒乍暖，鳥鳴蛙啼。在大地回春，萬生復甦之際，我們反省過去，為何華山溪的水依然濯濯，卻不見那以往的清澈……是我們，是我們的孤立與漠視，讓這大地母親受傷……上蒼總願意我們回心轉意，只要我們重新反省和皈依。我們要重新聆聽那上蒼和大自然的邀請，再次與土地連結。是的，我們願意皈依那生生不息……」

在祭天儀式的過程中，居民真正地理解自己所在的土地發生什麼事，更真心地對咖啡豆的無毒栽種、環境的維護，都產生強烈的使命感，也間接影響雲林縣環保局宣布，其所屬二十個鄉鎮的清潔隊不再用影響農作生態的化學藥劑。這股學校為首的在地文化改革，以學校為核心，從學生的課程開始，變成整個社區，甚至縣市一起發生改變。

(三) 山訓課程轉換學生認知

長期關注生態議題的陳校長認為，與自然互動有助於健全的人格發展，爬山等活動能讓孩子脫離僵化的教室情境，建立學習自信和內在自主性。尤其是對在傳統教育中受挫的孩子，老師必須思考教學歷程中孩子的學習興趣和主體參與度，當問題發生時，可以適時拋開課本，重新規劃一套屬於他們的特別課程。在雲豹等人的訓練告一段落後，陳校長更順勢推動三校合辦、大規

模的登山訓練。

　　一開始推動全校性的山訓課程，其實受到師生強烈的反彈。對那些老師來說，活動只是點綴，課本才是學習的主軸。他們和學生也沒有什麼情感的聯繫，只有權威的壓迫。除了老師的反彈，學生對山訓也感到不安，因為在出發前，除了要事先進行跑步訓練，還必須通過高山的知識測驗：要認識五十種高山常見植物才能出發。以不擅長考試的小維為例，他認為校長是故意刁難他，才設下這道關卡，為此，在測驗的前一天，陳校長特別集合全體學生，說明測驗的意義是為了要了解地方的環境特色和氣候條件，在面對問題時判斷才能更加精準。在一番解釋後，小維的臉色才和緩下來，而讓陳校長意外的是，雖然小維只花一個晚上準備，但他只錯一題，這讓陳校長相信，只要動機足夠強烈，學生的表現絕對能超出大家的想像。爬山其實不僅僅是一個爬山活動，山只是一個載具，真正關鍵的，是「遠征式」課程的心理層次：在前三個月要讓孩子的身心做好準備，包括未曾經歷過的基礎訓練，以及負向行為的消磨，對老師和學生都是巨大的挑戰。

　　陳校長的自然課程設計，表面上僅是爬山，但其背後的謀略，是在建立一種情感和文化。在堅持體能訓練、挑戰崎嶇山路的過程中，師長和學生有緊密的聯繫，因為每一次的活動，都是一次交心。而每一次的山訓在正式出發前，更設計幫助孩子們精神力更加專注的一道程序——讓孩子們在山腳下圍成一圈，朗誦由陳校長親自撰寫、飽含期許的祝禱文：

「我們將以高度的內觀智慧，踏著前人的足跡，克服自
己的缺陷，攀向內心的風領，在彼此生命的交流，相互合
作⋯⋯」

到登頂，老師不再罵人，而是用鼓勵與陪伴學生，讓孩子心
中滿是成就感，也變得更有責任心，甚至重拾原本避之唯恐不及
的書本，因為透過攀登山岳，他們開始相信，努力可以成就不凡
的自己。

回首2006年夏天，陳清圳以代理身分進入華南任職校長，為
的是自己對教育志業許下的承諾。進入華南之後，則是幫助學
生、老師，甚至社區居民們找到對華南在地的期待。由困境中找
出突破口，換個角度運用阻力，順利引導出「氣」（資源）的挹
注，正是此案例中偏鄉小校改革有成的巧思。本節所述柔韌設計
的邏輯解析內涵，整理於圖5-6。

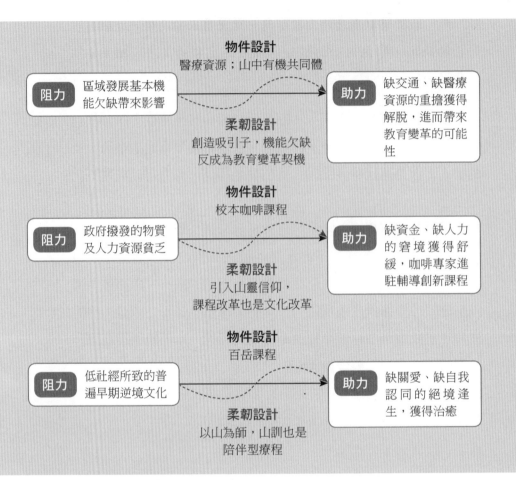

圖 5-6：化勁卸力的柔韌設計

　　陳校長的每一項設計，印證了創新者最困難的挑戰不在於阻力本身，而是如何換個角度看阻力。社區缺乏醫療站，以「健保局投書」為開端，成功引起健保局對當地衛生、醫療的重視，進而吸引各方熱心民眾、商行老闆的支持，缺乏的人力、物力、財

力資源得以被引至華南國小，得以建立醫療站及公車站，將阻力化為吸引子。吸引的過程中，再藉山中社區獨有的山神靈文化，作為與居民的溝通語言，建立主題課程，幫助學生的性格得以穩定，潛力得以被開發，老師、學生及居民的向心力也得以提高，小校終得保存，還成為社區的重心。順氣而為、尊重自然，應是陳校長祭文的中心思想，他也落實於校務經營。「圳」代表灌溉用的水渠，「清圳華南」意指陳校長於華南國小的柔韌實踐，有如注入清川，豐盈了瀕臨廢校的小校，得以發展社區華景與發揮學校人才培育的機能。

注釋

1. 更多當時學校裁併存廢的討論，請參考公視2012年的採訪專題：〈我們的島——學校存廢保衛戰〉：https://reurl.cc/W3GZ2L。

2. 更多對華南困境的分析，請參考遠見雜誌2015年11月號：〈師鐸獎校長陳清圳：連我也興起棄守念頭〉。

3. 更多有關陳校長對小校改革的做法，請參考聯合新聞網2019年的專訪：〈走出圍牆「無界學習」實驗教育要長久校長歸類六面向〉。

4. 有關陳校長對社區營造的耕耘及重視，請參考溫世仁文教基金會2017年的專訪：〈教育家的能量高點——陳清圳校長〉。

5. 咖啡課程之於家長與學生的正面回應，請參考ETtoday新聞雲2019年的專題：〈挽救古坑老化社區，暖男校長用咖啡發展另類課程創奇蹟〉。

6. 陳校長的大自然授課實記，請參考中華電信基金會〈遇見，真實幸福的未來〉紀錄片華南社區部分：https://reurl.cc/3axW48。

Chapter 06

美感重生——
體認美術的融入課程

Aesthetics Reborn:
Recognizing Art in Blending Classes

「我先建立他（學生）的信心，他從國中就已經被放棄，他根本就不認為他可以做到什麼，因為他已經被『篩選』了。在這種狀況下要傷害他三年，有可能嗎？你要先告訴他你可以做到，就這麼簡單。」

——花蓮高工美術教師　黃兆伸

2014年，十二年國教全面實施，規範高職的《職業學校法》與規範高中的《高級中學法》合併成立《高級中等教育法》，希望能讓技職教育成為培育學子具備學習力、移動力及就業力的基地。但到目前為止，高職學校為配合新制度下的升學考試，大多調整課程安排、減少實習課程的結果，讓技職教育的功能與定位漸漸失去焦點，與普通教育的區隔日益模糊。這會給教學現場帶來什麼樣的衝擊，因應策略又是如何？教學現場的老師往往來不及做反應，就被迫遇上第一線的衝擊。

　　這個狀況同樣地在國立花蓮高級工業職業學校裡發生，花蓮高工美術老師黃兆伸也是教育部杏壇芬芳獎高職組2014年度得獎人，回想起激起他想要改變的契機，是他站上花蓮高工講台的第一天，學生對他說的第一句話：「老師，你為什麼不去花中（花蓮高中）而要來花工（花蓮高工）教，你是不是比較差？」被問得突如其來，黃老師詫異之後，選擇將急於更正學生錯誤想法的心沉澱起來。下課後，他內心反覆思索著如何盡己所能地突破現狀。黃老師的「技職教育美術課革命」也就由此展開。

　　技職教育與美術課在臺灣教育實施分別有其困境，結合兩者的技職教育美術課更是深陷泥沼。本章先分別介紹技職生所面臨的問題，同時藉由黃兆伸老師的角度初步認識，他於高職美術課中推動創新遇到什麼挑戰，幫助我們更了解技職生學習上待解決的制度阻力。接著說明黃兆伸老師如何回應這些制度阻力，以及策略上的設計思維。最後，就柔韌的角度，說明黃老師推動哪些

計中計，以解決看似難解的制度制約。

一、制度阻力：誰黑了技職生？

阿諺是一位汽車修理科的畢業生，現職是汽車維修師，工作已有五年。他分享一段看似微不足道，卻印象深刻的經歷：

> 「那天晚上，有一家人把車推到我店裡請我幫忙，我檢查過後，準備去工作台拿需要替換的零件，卻聽到那家人的爸爸對孩子說：『你要好好讀書，不然以後就得像那位叔叔一樣，晚上要幫別人修車，還要把手用得黑黑的。』我聽到真是心裡不舒服，卻又不能多說什麼。」

阿諺的故事是日常中隨處可見的小事件，卻已足夠反映出臺灣社會中部分群體的價值觀：萬般皆下品，唯有讀書高。黃老師確信，這樣的社會氛圍已經深入高職學生的腦海，家長、老師期待孩子的「成功」，但對於成功的想像卻是驚人地單一，對於「不成功」的看法又是無比地刻薄[1]。要挑戰技職課程的革新，第一個需要面臨的阻力就是學校的課程安排與考試的風氣。

(一) 束縛力：以同樣標準度量不同人才

社會習俗變成束縛力。說到錯誤評價技職生，第一個黑的就是評價的「標準」不恰當，稱之「黑標」。從高職的《群科課程綱要》中，可以看到學生被期待要能習畢共同科目。這沒有不

好，但卻也沒有很好。與這些與共同科目相呼應的能力指標，會像是「閱讀與欣賞現代文學作品及淺近古籍之興趣與能力」、「將各類英語文單字及語法應用於聽說讀寫以提升人文與科技知能」、「熟練直線方程式及三角函數等運算」等。能力指標代表什麼？如果將學校老師對課程設計的創意比喻為孫悟空的話，能力指標就如同唐三藏的緊箍咒一般，規範著孫悟空不能大展手腳。

　　有這個緊箍咒存在，就代表老師必須依據課程綱要安排課程，而學生往往也只有被動接受的份。因為考量到社會對高職體系的觀感，甚至業界求職對文憑的需求，大多數學生都想要在升學考試裡得高分，對未來工作能少點煩惱。根據教育部統計，2016年高職升學率為79.3%，其中，選擇公私立大學、二專者高達97%，代表有約77%的高職生，需要面對以紙筆測驗為主的各大入學考試。也因為考試制度的影響，對未來有不同志向的孩子，都受到傳統價值的束縛，必須接受一樣的教學模式與要求標準，花很大的心力在準備共同科目。

　　另一方面，學校為了讓學生能順利升學，會強化「學理」的教學，使得本應以實作技術為長的高職生，開始出現「會考的不會做，會做的不會考」的現象，不但使高職以「實務」為主的特殊性下降，也加劇學生自我認同危機。黃老師就曾無奈表示：

　　　「北一女、建中跟我們學校都一樣上〈琵琶行〉、〈桃花源記〉，我不知道技職的學生真的有這麼需要上這些課

嗎？我們的教學內容與模式不管在哪個體制、面對哪些學生都是一樣的，好像不這麼教、學生不這麼學就會被淘汰似的。」

技職課程的革新阻力，就是從社會風氣累積而生，再從制度面具象體現出來。社會上習慣將讀好書、考高分的人才視為成功的標準，於是這些對技職生來說相對不重要的「主要科目」，還是占住教室講台的鎂光燈。毫無疑問地，用與普通高中同樣的考科標準、課程內容在技職體系內選才，就如同拿常見的15公分直尺去量細胞生物的直徑一樣受阻，面對這個制度阻力急需找到相應的對策來因應。

(二) 制約力：疲累考生的消極心理

課程結構轉成制約力。第二個「黑」，則是對本該是專才培養導向，以及技職生對應該更注重的藝能課程存在「消極心態」，稱之「黑心」，這與第一項人才衡量標準的問題息息相關，也是一項不可忽視的問題。對於一位準考生，最寶貴的資源就是時間和專注力。臺灣的高中職學生每週須上三十五至四十堂課，以高中三年級而言，屬於非考科的課程一週大致有六堂，可能配置為體育三堂、藝術與人文一堂、班會與週會二堂，且班會與週會往往被老師挪去考試。對於高職生，藝術課程只會出現在一年級，三年級扣除社會領域課程，屬於非考科的課程一週大致為五堂課，可能配置為體育二堂、綜合活動二堂、班會一堂。在

考科充斥、高壓的學習環境下，學生會不會珍惜美術課呢？在這樣的疲勞轟炸下，多數學生不願意再強記任何考試範圍外的資訊，並秉持「休息是為了走更長遠的路」的精神，將美術課視作高壓備考生活中的短暫喘息。

若有機會突擊幾堂重點學校的美術課，通常會看到台上的老師說著藝術家的故事，台下的同學或者寫別科的作業、或者趴睡、或者跟朋友聊天、或者滑滑手機，美術課對於臺灣的高中、高職生，往往有著重要的「充電」功能，且越接近大型考試，效果就越為顯著。但這裡的「充電」卻不是知識或技能上的充實，而是在填鴨教育馬拉松中的短暫喘息。這不免讓人有些遺憾，美術課可能是學生時期少數能培養審美能力的課程，但出社會後這樣的能力其實比起一般考科，還更有可能會使用到呀。不僅是美術課，其他出現在課表上，卻不在考試範圍內的科目，也大抵有著相同的處境，都是有待回應的問題。

(三) 包庇力：借課文化壓縮教學時數

文化認知形成包庇力。第三個「黑」，就像黑市商人從事交易行為一樣偷偷摸摸，美術課堂經常被「借」走，除了很可能有借無還之外，在排課的時候就直接被犧牲更是不乏見到，稱之為「黑市」[2]。其實就制度面來看，職業學校《群科課程綱要》呼應九年一貫的規範，在教學節數上與高中一樣，要求學校要將藝術與人文所占比例和數學、社會、自然科不能有懸殊差異，而且還很細緻地規定好藝術領域所涵蓋的範圍包括音樂、美術、藝術

生活等科目都應被妥善地規劃進去。雖然規定看起來很公平，但高中職的課程安排真的會很「均衡」嗎？無論是一般民眾，還是身為局內人的學生和家長，都不會相信這種說詞。規劃與現實的巨大落差是怎麼發生的？

第一，「掛羊頭賣狗肉」的課程安排。部分學校為增加主科授課時數，會巧立名目來「偷天換日」，比如某學校的課表上，每週有一堂「傳統藝術賞析」。乍聽之下，應該是關於傳統戲曲、音樂、雜技與工藝的課程，但仔細一看，會發現這堂課的授課老師與國文課相同，再透過實際教室觀課，實務運作上也完全等同於國文課──原來，讀〈蘭亭集序〉、〈赤壁賦〉也是「傳統藝術賞析」的一環啊！而這樣的把戲意圖再明顯不過：假藝術與人文之名，行國文、數學、自然、社會等考科之實。

第二，借課文化。高職生由於要配合考試，一方面加強理論課程，一方面又不能放棄實習，只能排擠藝能科資源。以花蓮高工為例，美術課只有一週一堂，而且在一年級後，就再也不會出現在高職生的生命中。美術課的時間原本就少得可憐，而當「考科」的進度趕不完時，老師還會向他們「借課」。短暫的教學時數、加上政府與教師同儕的不重視，在在消磨藝能科老師們的教學熱忱。綜合上述共三大制度阻力的內涵，統整於表6-1。

表 6-1：技職學習所面臨之制度阻力

制度阻力	社會習俗的束縛力	課程結構的制約力	文化認知的包庇力
內涵分析	阻力類型：R-法規體系 說明：技職體系的高職課程與一般高中的課程相同，仍投資最多的時間在「主要科目」上，間接使高職生的專長學習受到耽擱。	阻力類型：N-社會規範 說明：高職生欲提高競爭力，時間和專注力是有限且寶貴的資源，但卻被大量花費在與普通高中相同的考科上，徒有疲勞轟炸，卻沒有彰顯自身價值的機會。	阻力類型：C-文化認知 說明：學校為增加主科授課時數，會巧立名目來「偷天換日」。例如：看似藝術科的「傳統藝術賞析課」，實際在上國文的〈蘭亭集序〉、〈赤壁賦〉。
結果	紙上談兵多於戰場演練。	學生對藝能科目的學習價值普遍給予次等評價。	師生對有借無還的借課文化已習以為常。
	說明：過度強化「學理」的教學調性，致使高職以「實務」為主的特殊性下降，也加劇學生自我認同危機。	說明：藝能科目如美術課，僅是疲累考生的放空時間，被認定是無用的學習，睡覺、聊天樣樣來。	說明：高職生由於要配合考試，加強理論課程為主，同時也得兼顧實習，結局是只能排擠藝能科資源。
備註	R：法規體系(Regulations)，N：社會規範(Norm)，C：文化認知(Cognition)		

　　黃老師從未想過，他想教給學生的是如此地多，但可以用的時間是這樣地少。並沒有選擇怨懟於現狀太久，他更想做的是改變，創造一個對技職體系學生好的課堂環境，並且由他擅長的美

術課開始，拿去黑標、改變黑心、顛覆黑市，讓教育增加更多彩色與美感。

二、創新設計：在地素材的融入

本章個案黃兆伸是一名高職老師，打開他個人的教學紀錄平台，第一個印象就是「獲獎無數」[3]，而且清一色都是有關於教學創新。黃老師志在帶給孩子不一樣的學習體驗，但擺在眼前的挑戰，即是自己負責的美術科正受到主流科目的排擠，發揮空間有限。縱使有雄心壯志，可以怎麼做？

黃老師認為一切要回到教室內的兩大主角──老師與學生。上節我們討論黃老師目前面臨的制度力挑戰，包括在課綱制度與「考試定高下」的價值觀底下，高職體系學生逐漸萎靡的自信心，以及藝能科目受到的邊緣化，使得學生變得一點也不期待能在美術課進行學習，最後就是教學時數受到學校課程安排及借課文化影響，有嚴重的壓縮情況。黃老師第一步做的，就是先將學生從幾近凋零的自信心中扶起來，協助學生在課堂上展現獨特才能。

(一) 互動模式：投影複雜的社會情境

一個班級內的學生人數至多可能到快四十人，這麼多位來自不同背景的學生，要人如何能相信只用一致的教學內容，就可以將學生教好？就如同子貢是商人、子游喜好音樂、顏涿聚當過強

盜，孔子的學生類型如此繁雜，除了詩書禮樂的教導，對每一位學生「投其所好」更是關鍵。黃老師相信，只要建立一套讓他們各自發揮所長的課程進行模式，一定能幫助學生逐漸找回自我認同。他的做法有三：第一，讓教室成為分工社會的縮影。黃老師的想法，來自社會上的眾多職業，試想，隨意舉例就有老闆、祕

展場式課程分析

1. 編號①：展場行銷員。負責介紹作品並帶動氣氛，引導參與者注意力及行動。
2. 編號②③④：展場試玩小組。根據行銷員的引導，嘗試認識商品，邊操作邊感受商品的魅力與提供回饋意見。
3. 編號⑤：展場記錄組。將試玩組提供的使用心得與回饋做紀錄

圖6-1：學生分組報告展場式課程物件分析（照片由黃兆伸老師提供）

書、會計、打掃人員等這麼多專長迥異的職業，大多數人也都是挑自己比較做得來的工作來做，為何課堂裡不提供給學生這樣的機會呢？

在他的美術課，有些學生喜歡動手做，負責做作品，有些學生喜歡說，負責「行銷」（介紹作品），有些學生不會講不會做，喜歡觀賞，就負責拍照和記錄、寫文案。透過分組合作，讓學生找到「可以做到的事情」，重拾對自己的肯定與認同。透過小組任務，讓學生在團體中發揮自己的長處，在他人合作的過程中，找到自己的定位。

第二，建立線上展覽空間。黃老師認為，當自己的作品曝光給人們看的時候，會產生類似於向別人介紹自己驕傲的兒女一般的情緒，創作者對自我的認同也在這反覆進展的過程中逐漸地形塑出來。為提供給學生一個便利的展示平台，做法就是運用Facebook、Line、Dropbox、Padlet等學生也很熟知的社群軟體，或是運用教學專用的數位學習平台「課室廳(Classting)」，定期邀請學生們進行成果展示與資訊分享。

圖 6-2：學生線上成果分組畫面展示（照片由黃兆伸老師提供）

　　第三，評量來源多元化。如同社會上的藝術家所面對的觀眾不會只有單一對象、單一群眾，或甚至接觸到作品的管道不盡然會是單一個畫展，也可能透過網路大數據運作，推薦給地球另一端外國人的道理一樣，黃老師希望盡可能地讓評量學生作品的來源不只是他自己，評量方式也希望盡量避免用一個分數定生死。因此他將班級內的所有同學都拉入「評分者」的位置，同學們的成長背景不同，價值觀也不會一樣，讓創作的學生有模擬面對到不同類型觀眾的機會。另外，黃老師也將量化分數賦予質性意義，在在希望告訴學生：一個分數，真的不代表什麼。透過一次次給予學生的正向回饋，輔導學生的信心逐漸重建，技職課程的

革新之路也產出新生機。

(二) 上課模式：在地的美術連結

　　要讓美術課發揮影響力，首先就要讓學生參與，黃老師認為，教學如果沒有對接到學生的生活經驗，課堂一定睡成一片，所以他致力於美術課的「在地化」。黃老師於花蓮高工任教，花蓮地區是臺灣石材加工業重鎮，創造了經濟效益，但也對環境造成很大的負擔，每年產生大量石材汙泥。於是黃老師由此下手：石材汙泥都去哪裡了？有沒有再利用的可能？廢泥和藝術領域能碰撞出什麼火花？

　　依據經濟部資料，汙泥約76%為廠區堆置與委託掩埋，24%被再利用，作為工程填地材料、水泥原料、鎂質肥料，除上述這些，汙泥尚有其他再利用途徑。黃老師邀請學生談論花蓮的產業與環境議題，並以石材汙泥結合陶土材料，讓學生利用混合土料進行藝術創作，再導入綠建材的概念，以增加學生對汙泥的了解，進而關懷生活環境，參與改變行動。

　　以一堂石材汙泥與陶土結合的美術課為例，在初步了解石材汙泥和陶土的材料特性後，黃老師會請同學分組討論兩者的調和比例與方式，並引導學生實際進行汙泥與陶土的結合。緊接著，黃老師會說明、示範捏陶技術與概念，再讓學生實作，最後安排學生展示作品及分享理念。

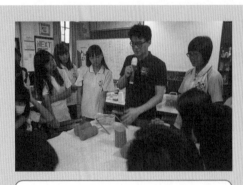
基礎學習：初步了解石材汙泥和陶土的材料特性，認識在地化素材的可能性。

進階學習：石材汙泥與陶土兩者的調和比例與方式，造就不同的創作素材。

圖6-3：汙泥與陶土導入課程兩階段學習（照片由黃兆伸老師提供）

　　創作並不只是技藝的磨練，更是情感表達與適性試探的良好途徑，這一直是黃老師的理念[4]。雖然美術課的時間十分短暫，但黃老師把握每一個五十分鐘，和每個組別進行討論。透過作品的交流、聽他講他的事情，黃老師就可以更認識這個學生。透過藝術創作引導學生省思自己能如何進行社會參與，不僅是創造老師與學生、學生與學生之間的交流空間，也給學生與自己對話的機會。

(三) 跨域模式：美術融入主導科目

　　如果說「時間」對學生在學校的期間而言是稀缺資源，那不同科目間，有沒有共用時間資源的可能？自2014年起實施《美感

教育中長程計畫》，其中《中等學校暨國小階段跨領域美感教育實驗課程開發計畫》主持人趙惠玲認為，藝術可以作為學校課程的核心，跟其他學科連結，黃老師響應這個想法，並發展數套實際運作過且頗受好評的跨領域課程。

黃老師會聯想到要從設計教案下手，要回到他學生時代的經驗來談，那時參加許多教案比賽，為克服遇到不同領域時的知識性問題，一份教案想要融合音樂課就去與音樂系的同學請教，想要融合舞蹈就跑去請教舞蹈系同學。當時的做法很憨直，卻也很穩紮穩打地累積基本功，順理成章地開啟他的跨領域課程設計之路[5]。

因為有豐富的教案作品，黃老師開始建立起自己的教學資料庫，將過去的成果進行系統性的分類，便於未來的運用。開始建立教學資料庫後，黃老師開始想，為什麼別的老師不這樣做？有沒有可能讓老師們共享彼此的教學養分？在與同僚交流後，黃老師發現，很多老師對科技運用十分陌生，黃老師就當起「老師的老師」，教導其他老師將自己的教學紀錄電子化並儲存。

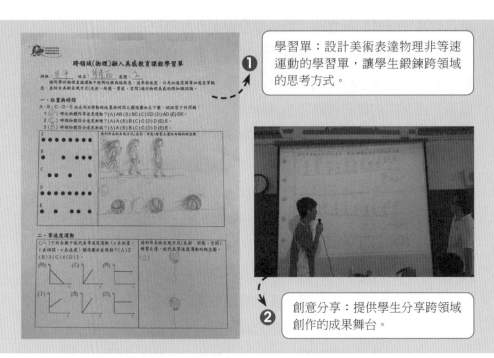

學習單：設計美術表達物理非等速運動的學習單，讓學生鍛鍊跨領域的思考方式。

創意分享：提供學生分享跨領域創作的成果舞台。

圖6-4：跨領域（物理）融入美感教育成果（照片由黃兆伸老師提供）

　　雖然鼓勵老師們把教案存入雲端分享，但不免會遇到「搭便車」和「留一手」的問題。例如：有些老師從來不願意提供自己的教案，只等著拿其他老師的成果；有些老師不上傳完整的教案，大幅降低資料的參考價值。不過對黃老師來說，他一點都不會介意自己的教案被「一鍋端走」，他更開心的是能藉由這些老師的擴散，幫助到更多技職體系的孩子找到學習的信心與尊嚴。黃老師的教案創新引領一部分的老師追隨，但由於理想是想做跨科、跨領域，甚至跨校的課程革新，大多數的人還是因為對現狀的安逸，而響應意願低落，也因此尋找合作對象的過程往往十分

曲折。

　　黃老師的做法，一般來說會先以「人情」作為籌碼，找交情比較好的老師，或請老師介紹其他老師。如果在人情碰壁，就只能用「錢」作為籌碼，藉由申請計畫補助，吸引老師參加。如果沒有人情，又找不到錢，黃老師建議可以「自我推銷」，例如：有一次設計一堂美術融合物理的課程，用美術表現方式表達「非等速運動」，即透過美術的方式理解物理的概念，設計學習單讓學生鍛鍊跨領域的思考方式。但那次的課堂設計並沒有預先告知物理老師，後來物理老師於自己的課堂上到「等速運動」，從學生給予的回饋得知有這樣的事，物理老師知道後覺得很特別，就主動和黃老師接觸。在這個例子，美術不只作為性情的陶冶和美感的培養，也同時為學科學習做出貢獻。

三、策略回應：借光投射的表演舞台

　　黃兆伸老師藉由將美術課轉換為學生的表演舞台，也順利轉換學生怨懟自己身為技職生等於沒出息的思維。對自己特殊長才的認同心找回來了，成長的動力也就能找回來。這些看似小蝦米對抗大鯨魚、需要對抗大環境才能改變的難題，黃兆伸老師選擇先從個人的課堂中開始化解，後續再慢慢擴大影響力。

　　課程革新的擴散版圖從他自身的美術教室，到花蓮高工的教師群，最後將影響力擴及教育部的國家計畫[6]。要推動科目間的融合，尤其是從被升學主義洪流沖至最邊緣的藝能科出發，實屬

不易。上一節討論到的課程革新做法，替技職體系學生找到改變的契機，也回應技職體系所面臨的阻力。以下將依序說明黃老師化解制度阻力的思考脈絡與謀略。

(一) 創造舞台，戰力不萎靡

技職高中所面臨的定位模糊，或甚至說有「高中化」的現象出現，雖然看似由於國家課綱訂定、社會升學導向的風氣向下影響，但其實課綱如何訂、或是升學的觀點等本身並不是最大問題，問題在於教學現場的老師、學生並沒有獲得足夠的資源支持，教改的陣痛期亦無輔導的機制介入，以致於很難有好的成效。其嚴重情形，甚至已蔓延到高職的教室中，影響學生的自我認同。黃老師沒有異想他的課程革新能一蹴可幾，計畫可以慢慢推動，但學生的「心靈問題」不能等。試想，一場長期的革命之旅中，戰士們若意興闌珊，對自己的「戰力」不是很有信心，那不是未戰先敗嗎。另一方面，黃老師先針對學生「自信心」問題下手，也是正面回應因為高中職選才標準越趨相同，而養成的學生戰力萎靡問題。為此，黃老師的策略可以歸納為三個小點：

第一，美術課化為展場工作團隊。學生透過選擇自己擅長的位置，像是創作者、行銷者、攝影人員等，宛如一個小型的展場工作團隊，或甚至自己創造一個自己擅長的位置表現。例如某堂小組團隊展示作品的課堂，不會創作展品、也不會上台報告的同學，他便可以提出希望能在一旁歸納分析各組亮點的工作，那麼他是不是就類似於一位「評論家」呢。在黃老師的美術課裡，學

生可以有機會重塑自我認同與定位，找到專屬自己在課堂上可以表現、參與的方式。

第二，學生化為標案商。比認同自己更難的，就是要說服大家理解認同你，類似於行銷自己的標案商。黃老師邀請學生定期在網路的平台上公開分享自己的創作，與實體展覽的狀況很像，會有來自不同背景的觀眾（老師及同儕們）給予意見回饋，有好有壞，甚至有人可能提問。訓練學生在網路化的展覽平台上公開分享自己的創作，並將理念做一個完整的論述、嘗試回應同儕及老師的提問，這整套互動的過程都是在幫助學生無論是自我認同，或是接受褒貶的心靈強度，兩個能力值都能再更進步一階。

第三，削弱分數主義。黃老師把握學生對分數的在意，將「分數」這個單一表徵意涵，轉換為「評量來源」多元化的意涵。評量來源來自同儕間的互評、老師的質性評論，不再是一個冷冰冰的數字，學生能透過收到豐富的文字評論，清楚知道自己好在哪、又有哪裡調整後可以更好。也由於黃老師堅持用字遣詞要溫暖正向，因此日子一久，學生也能體會到分數很重要，但不能是挫敗自己用的，反而應是吸取每個人對自己所有的不同評價，化為讓創作更進步的力量。

(二) 轉換休息的意義

「拗笑憐」，取自臺語音譯，指年紀輕輕身體就不好、容易疲勞的年輕人。如果現在有電視台的訪問橋段，隨機抓幾位高職學生，詢問他們心中如何定義「美術課」？他們可能會礙於鏡

頭，丟出「學習美術的課程」、「學習審美的課程」等比較正規的答案，但實際上呢？去學校走訪一遭美術課堂，會看到學生們趴睡、聊天，就算想肯定學生們的答覆——美術課是一個「學習美術的課程」、「學習審美的課程」，都很難。

對大多數的高職學生來說，美術課會被他們歸類為「一段終於可以喘口氣的四十分鐘」，而且這個定義對高中學生也適用。學生對「休息」的需求感已經大於投入美術課的課堂學習中，但值得納悶的是，他們真的這麼「累」嗎？學生們年紀輕輕，總不會每一個都是「拗笑憐」吧。隱藏於背後的，其實是心累。從自我評價低落，到每天都要面對琳瑯滿目的考試科目，學生心理的壓力與煩悶無從宣洩，無力感淹沒得他們只能逮到機會就想休息，像是無聲的抗議。黃老師也發現這點，其回應策略可以分為兩點說明。

第一，積極的休息更有效。黃老師為學生設計「積極的休息」，美術課中，黃老師鼓勵學生藉由創作情感表達，甚至透過作品作為物件，幫助學生進行適性試探。消極的休息只會讓自己持續地心煩意亂，並不能化解什麼，不但不會改善原本就有的問題，還有很大機率會惡化。而積極的休息回應學生「心累」的狀況，可以在正課之餘，讓學生找到於考試科目以外的表現舞台，分散學生自我評價的注意力，每一堂美術課，都是一個療癒的過程。

第二，導出社會參與意識。技職體系原有的精神，即應是畢業後即擁有各行業實作的基礎技能，理應是比高中更為貼近社

會。無奈因為定位模糊，導致學生不清楚自身畢業後可以做什麼，也就更不會清楚如何參與社會、以何種角度為社會盡一份力。因此，黃老師透過美術課程中相關議題的挑選，特別從創作素材、環境保護等方向下手進行在地化，讓學生實際接觸到在地化的素材與作品，從關心在地出發，引導學生參與社會。同儕間討論、了解自己所處地區的現況，並藉美術的情意教學引導學生省思，表面上是一門美術課，其實更為一堂情意教學課。

(三) 考科當道，美術課不擋到

第三個需要回應的問題，就是借課文化壓縮教學時數。考科的重要性不可能一時改變，因此黃老師並不企圖一下就將已坐在王位上的考試科目拉下台來，這費時費力又不太可行。但如果說把皇后（美術課）送到國王位邊，輔佐國王（主要考試科目），亦即「借光」，化美術課為考科的輔助，將是一個巧妙取得鎂光燈焦點的策略。對此，黃老師的謀略可以分為以下兩點：

第一，時間共享，效果加乘。科目與科目間的時間在既有的排課形式內是平行的，也是相互消長的。知識內容也是，甲科目的知識若是被吸收，必定會消耗、影響乙科目學生記憶的意願及效率，黃老師的策略即是打破這份平行，同時也要化解知識消長的情況。他推銷自己的美術課出去，設計多份美術融合其他考科的教案，作為轉化困境的知識載件。科目融合後，借課文化的狀況明顯獲得改善，而且長期運作下來，學生在回憶考科的知識內容時，甚至可以藉由美術課的活動作為提取記憶的線索，記憶的

效果很可能會變得更好。

　　第二，創建教師跨域圈。黃老師和溫美玉老師類似，一樣當起「老師的老師」，教導其他老師將自己的教學紀錄電子化、雲端化。不同的是，溫老師為了老師尊嚴，黃老師為了學生尊嚴。黃老師面臨的技職體系定位混淆問題，反映在課程安排上就是考試科目當道，而藝能科目「擋到」，占住那些恨不得都拿來學習考試科目的時間。黃老師不想隔靴搔癢，既然以技職課程的革新為目標，那麼老師們的團結是至關重要，只要有志一同，就可以一起設計出對學生最好的課程方案。因此電子化的教案變成跨域合作的溝通載具，也像是行銷網站上的商品，有意想共創的老師能一目了然，不擅長課程的創新設計、但是想「試試水溫」的老師也可以協助擴散，一舉數得。

　　從黃老師三個不同的柔韌策略，處處可以見得他從學生角度思考，創建一個名為美術課，實為藝術工作者揮灑及交流的展場文化。這種偷天換日計謀，施展得無聲無息，學生還無從「提防」，就自然地投入並愛上美術課。在課堂上，黃老師掌握美術課教學現場的分工性特色，以有趣的「展場」概念換掉無趣的「美術課」。其實學生A仍然是上台報告，但卻像是展場表演者，而學生B仍然是負責拍照記錄每位同學的報告現況，但卻化為展場現場的場記、攝影師，甚至學生C也能作為「評論家」發表自己的審美想法。學生投入課堂中，亦能順利獲得其他主要考科科目無法獲得的自信心。黃老師也藉「課堂內的展場」概念來推行每一個創新想法，不停歇地思考如何做可以轉化受到大環境

質疑聲浪影響的技職生，改變他們的處境。綜合上述，本節所歸納之柔韌設計的邏輯解析內涵，整理於圖6-5。

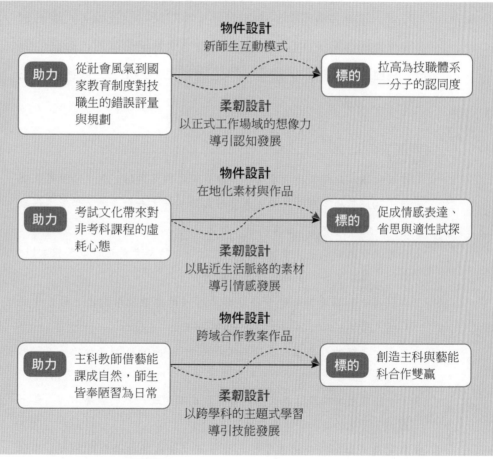

圖6-5：借光投射的柔韌設計

回顧黃老師於杏壇芬芳獎的得獎感言中曾說：「教學過程中，每個學生都是自己生命中的貴人，而這些貴人正為彼此的故

事加值，也同時在尋找教與學的各種未來創新可能。」也難怪黃老師念茲在茲，每一次的創新都朝向替學生們爭取到更好的學習環境前行，也願意費盡心思，將每堂美術課作為一場場珍貴的「表演」經營。黃老師的柔韌設計，不在於對於技職美術課的窘迫情況直接否定，而在於找出大家目光所聚集的地方，設法「借光」到自己想要推動的創新，學生學習上「開光」，最後讓學生在舞台上「發光」。

注釋

1. 高職被認為是升學的次等選擇，但其實有許多誤解之處。請參考未來親子2018年的專題：〈不愛念書、成績不好才去念高職？學歷不保證成功，能力更重要！會考結束，升高中或高職3重要指標〉。

2. 借課文化的詬病長久受到各界重視討論，請參考新北市電子報第115期：〈借課從來不還 賠上學生思考力〉。

3. 有關黃老師的獲獎紀錄彙整，請參考《黃兆伸教學創作平台》中的「個人榮譽」：https://reurl.cc/GmA6bd。

4. 更多黃老師的教學成果，請參考黃兆伸個人YouTube平台《花工跨領域美感「圖像化數記憶」教學成果影片》：https://reurl.cc/yE7NjD。

5. 更多跨域教案的設計典故，請參考雅虎新聞2017年的報導：〈「藝」圓孩子夢想的美術老師黃兆伸〉。

6. 有關黃老師的研究計畫彙整，請參考《黃兆伸教學創作平台》中的「研究計畫」：https://reurl.cc/og72ql。

Chapter 07

鄉村五味——
生活即學習的鄉村教育

Tastes of Village:
Learning as Living in Rural Education

「臺灣的教育長久以來仰賴教育心理研究中以習得(acquisition)
典範之學習理論為軸心,造就了許多偏鄉地區低社經社群的學
習落後者。」

——東華大學教授兼五味屋推手 顧瑜君老師

對鄉村而言，教育行動的規劃與進行不只關乎教育的進展，更關係到鄉村的發展前景，這也是為何許多鄉村的社區教育／社福組織，經常是地方發展的常態標的，以及穩定鄉村運作的安全閥。鄉村教育會遇到何種創新議題？孩子們在鄉村的學習與成長，常見現象是資源相對不足、發展機會少等等，因此鄉村孩子們需提早面對許多社會限制與困境。本章先從制度阻力談起，了解創新者所遇問題，再看看個案如何柔韌破解。

一、制度阻力：鄉村教育的無助力、箝制力 與限制力

急待解決的問題很多，除了要提供孩子學習能量豐沛的環境，面對欠缺外界學習刺激的孩子們，更要協助他們重新定義「成功」的意義。制度阻力「道阻且長」的「阻」所言為何，本節歸納為三種「力」來討論。

(一) 無助力：外部資源帶來的得與失

鄉村經濟弱勢社群，在生命早期就開始受到社會外部資源（如：社福單位）的照顧，這些照顧帶來生活必須的補足，但也帶來收受時必須面對的壓力。社福團體基礎提供的就是生存所需的基本幫助，許多公益基金會定期發起多項募款活動，提供弱勢家庭的孩子小到一頓溫飽的早餐、大到一學期的學費贊助，展現出日常用品、食物、學費等長期的支持。除了實質經濟的提供，

各種學習活動或方案也是常看到的社福協助形式，有規模一點的社福團體，就有能力發起募集愛心教師到偏鄉提供短期教學，形式百百種，包括主題式課程規劃，或是寒暑假的營隊活動等。

部分鄉村地區，因為獲得外界資源上的支持，主題式的課程發展順利，孩子得以獲得更多學習契機，並可能進一步牽動孩子生涯規劃的選項（例如：大學投入USR計畫所開發出來的STEAM課程，可能引發了上課的孩童立志成為一名工程師），可以走的路變得更寬闊。然而，外界資源是可遇而不可求，獲得時善用為各種主題或特色學習，獲得後延續的資源能否到位，不確定性高，能否穩定且長期地取得，誰都沒有把握；面臨中斷或減少時，如何做到主題或特色學習延續，是鄉村弱勢社群的挑戰也是常態。除了被動等候外部資源的變化，如何找出掌握資源與持續運作的模式，是教育組織不斷努力找尋的生存之道。簡單來說，不論將外部資源用於生活必需，或用於特色主題學習，雖都是鄉村弱勢社群所需，但同時也成為限制鄉村社群運作的約束。沒有資源，當然是問題，但有資源也是個問題，都需要找解決之道。外部資源的挹注如同兩面刃一般，要能發揮作用又不傷人，需要小心運用。

陶朱公有云：「授人以魚，不如授之以漁。」這個道理對有迫切需求的鄉村教育更是如此。外部資源能提供的幫助終究有限，大多數只能專注在眼前迫切的需求，第一要務是幫忙弱勢孩童在社會洪流維持基本生活：即便能運用資源產出亮眼的主題課程，一旦外部資源中斷，課程是否能以己力維持下去仍是未知

數。這些出自善意的初衷，在做法上若仍侷限於「補救」或「補足」型態，孩子就只能停在「存活（溫飽）」階段，難論「活得漂亮（取得生而為人，靠自己雙手獲得的成就感）」，這都是隱含在其中的憂患因子，急待解決[1]。

(二) 箝制力：單一標準套用於不同情境

長期由中央發起的教育改革，對鄉村學習者而言往往是無助或無感的，近年來受社會矚目的幾次教育改革，均是由上而下、統一標準，較沒有著眼於占比雖少、但卻有顯著差異的都會區以外地區的教育情形。因之，學校的學科課程結構，使鄉村弱勢者的學習受到限制，形成一種箝制力。

以最近一次的教育改革而言，臺灣於2014年發布《十二年國民基本教育課程綱要總綱》，並在2019年正式啟用，涵蓋四項總體課程目標：啟發生命潛能、陶養生活知能、促進生涯發展以及涵育公民責任。為了達到這四個目標，進一步設立三大面向與九大項目的核心素養作為發展主軸，期待幫助學童在學習階段之間是統整且連貫的。然而，攤開各領域的綱領細目，在教學現場的老師們所面對的進度壓力仍然存在。每一堂課都必須分秒計較，課程若上不完，還得跟美術課、體育課等科任教師借課堂時間補進度。這樣的情形在鄉村教育也沒能倖免，課程改革的任務一旦指派下來，許多既存的問題不一定獲得解決，但面對期末評鑑帶來的壓力，一切似乎只變得更辛苦。

常言道：「如果用爬樹能力去評斷一條魚，那條魚永遠會覺

得自己是笨蛋。」偏鄉學校基層的老師們深感單一評量的限制困境，但在升學與主流的教育社會氛圍下，單一老師的力量是薄弱的。他們清楚，手上的教科書並非對每個孩子都適切，準備好的課程規劃，也並非每個孩子都能消化。無奈面對升學制度、進度壓力，只能持續進行緊湊的課程步調。最後，這導致鄉村弱勢孩子的學習需求被忽略，太多數不清的教材規劃，包括引起動機到發展活動，多是以非在地的事物做引導，沒注意到所受文化刺激不同的特性。也因此，找出鄉村的孩子「需要學什麼」，以及「如何能引發學習者的參與感」，才是需要努力的。

　　舉例來說，鄉村地區小本經營的店家多，在地營運有人情味與地方感的生存模式，鄉村孩子面對未來的生計與生存，需要什麼樣的學習？在十二年課綱的架構下可以善用這類「柑仔店」嗎？除了去追趕全國的學習標準，如何轉換思考，善用村裡的柑仔店為「活教材」，從中發展出真實生活中的學習，兼具整合國英數，小至與人的溝通互動技巧，大至經營規劃店鋪的能力，都可以是呼應十二年課綱的4目標、9核心能力的現有教材，這像是璞玉一樣亟待被開發、被重新定義一個新的教育規則，其教育的內涵及價值亦需重新被思考。

(三) 限制力：被制約的夢想

　　孩子們的天賦不會因為身處在不同地區而有所差異，但是地區的發展情形、家長的社經地位，再加上學校的教育方式，卻可能無意之間造成親子間階級的複製，這也是社會學者提出「文化

資本」(cultural capital)存在於教育場域的原因。例如：社會中上階層的學生因生活環境的耳濡目染，易於吸收教材中與其階層相近的內容，因此相較於非中上階層的學生，他們彷彿是帶著「資本」來學習。而鄉村學生因為多處於鄉村內的文化情境，若面對到以都會區生活條件為範本的教材，就相對缺乏「資本」，更不易對自身所處的學習困境有所自覺，因此也幾乎不會對所處的情境提出異議，進而尋找解套方法。

對學生而言，普遍缺乏找尋發展管道來主動解除「限制力」。舉例而言，由於生活環境不同，鄉村小孩與都市小孩相比，對於交通工具就有不同的經驗。翰林國小四年級社會科有一個「家鄉的交通」單元，談到臺北的捷運與衍生的捷運文化，當老師講述時，鄉村小孩或許會萌生想要親自看一看的念頭，但很快地又會因為現實環境的限制，自己打消了想法。外部環境、客觀存在的藩籬，很容易造成自身主觀的限制，箝制了本應自由思考的心智與行動。

學生的問題經常不是在「有沒有足夠的能力」，而是缺乏「行為的動力」去爭取。例如：就算學生心裡知道學校、政府有提供資源，鼓勵弱勢去申請補助（包括比賽資格申請），也是少部分孩童才可能會採取下一步行動。缺乏動力，大多因為環境的不同、資源的有限，讓他們習慣了把握好「現有的」，而不是耗費過多的心思在「還沒有的」事物上。

從外部資源是否成為助力的未定性、單一國家標準對課程發展與評量的箝制性，到是否能帶出學生學習行為的主動力，層層

相互影響制約，想要突破雖屬不容易，但亦是創新者無法避免需要思量的問題。此三個制度阻力的內涵，統整於下表7-1。

表7-1：鄉村教育的制度阻力統整

制度阻力	外部資源的無助力	單一標準的箝制力	文化資本的限制力
內涵分析	阻力類型：N-社會規範 說明：社福團體等外部資源帶來協助，但此助力不穩定，如同兩面刃。	阻力類型：R-法規體系 說明：全國統一標準的課綱引導評量方式，未能考慮到非都會區的學習者需求。	阻力類型：C-文化認知 特性：久居鄉村文化情境，不會對自身所處的情境提出異議，學生缺乏找尋發展管道的「參與感」。
阻力造成的結果	補助型態只能救急	學習需求與教育內涵的落差	缺乏行動的動力
	說明：外部資源用於生活必需或特色主題學習，是鄉村弱勢社群所需，但若沒找到持續運作的模式，助力難以持續。	說明：鄉村孩童的學習需求現有教材常常對不上。鄉村的孩子「需要學什麼」並未被審慎思考與設計。	說明：缺乏對於外部資源的爭取動力，成為進步的阻礙。
備註	R：法規體系(Regulations)，N：社會規範(Norm)，C：文化認知(Cognition)		

二、創新設計：二手雜燴讓你「雜著會」

顧瑜君老師是道地臺北市長大的孩子。對她而言，認識鄉村

的起源是從大學畢業赴美留學，於美國的鄉村地區——奧瑞岡州 (Oregon)生活而開啟。從開始的不熟悉，到後來深深喜愛上鄉村生活的顧老師，回國後於1995年與先生選擇到當時處於草創期的東華大學任教，並投入在地的教育志業，直至今日。

　　五味屋的發展引起社會矚目，媒體報導也持續沒停過，本文以雅虎新聞2020年轉載自《張老師月刊》對五味屋的報導為基礎[2]，摘錄其發展歷程如後：2008年，五味屋——一間具有年代特色的風鼓斗日式房舍，正式在花蓮壽豐鄉這塊土地上和居民相會。之後各類旅遊書籍將花蓮五味屋列為必訪景點，眾多學習者慕名前來，伴隨著名氣的增長，還有熱情的國內外志工投入。善心人士或教育人員主動釋出協助意願，影響力廣播到美國、法國、秘魯、南非、德國、荷蘭等地。要深入了解這間由志工及青少年經營的公益二手雜貨店鋪，一定得認識其背後的靈魂推手，東華大學顧瑜君教授。顧老師移居花蓮工作後隔年（1996）開始在豐田社區投入社區工作，導入大學生資源參與社區青少年服務隊的運作，歷經七年的社區青少年服務隊隨之逐漸成熟穩定。2007年因花東鐵路電氣化，豐田車站的風鼓斗房舍需配合整體改建而拆除，社區不捨此歷史建築拆除，意外地促成了一場臺灣鄉村閒置空間再利用，而成為鄉村學習基地的改造，持續至今。2008年，顧老師帶領研究生為主的團隊，與花蓮豐田社區組織一起，將其與社區青少年共同發展為與花蓮在地孩子一起成長的社區生活學習空間，並以這家店為起點，營造有在地感的教育基地，慢慢地發展具有花蓮在地特色的教育系統。

圖7-1：五味屋入口處

　　2008年起家的五味屋，原本只是坐落在典型臺灣鄉村，用回收紙箱當作展示櫃的雜貨二手店，為了當地孩子營造週末假日學習角落，2021年五味屋逐步在豐田村裡發展出12個學習據點，從二手雜貨店成為品牌名稱，在國際上也開始具有知名度。五味屋的發展歷程，跟一般熟悉的「如何改造鄉村教育」的標準作業程序相當不同。起步初期沒有經費，就靠著社區與大學組成的團隊撰寫計畫努力張羅。例如：五味屋團隊曾於2010年信義房屋所舉辦的「社區一家幸福行動」甄選中，從611個案件中嶄露頭角，

在「理想社會類」這個組別中獲得首獎。顧老師與五味屋工作團隊一起協力執行各式各樣的社區聯盟與移地學習，隨著歲月累積出五味屋的品牌深度，慢慢被臺灣各階層認識，也開始吸引來自各行各業的學習社群，以深度參與的方式進入豐田村展開另類學習。

　　第一個創新的做法，就是轉換參訪為共學。五味屋讓訪客成為鄉村孩子的學習對象，促成學習的流動與創造，讓訪客扮演起傳統被設定為「老師」的角色，為孩子帶來學習的素材與機會。孩子們學習接待訪客或顧客，「參訪」與「消費」在此歷程中產生有機變化，促成有趣且有現場感的學習。此歷程的共同開創性是獨特的，每一個參與者都是「作者」，主導著學習的流動與價值的賦予。經過十二年的日積月累、一點一滴累積下來，五味屋的孩子們雖然一開始不太懂該怎麼做，但總是越做越熟練，甚至遇上外國人，個個都身懷聽不懂也不害怕溝通的勇氣。五味屋團隊如何推動鄉村教育的創新模式，以化解外部資源帶給弱勢的雙面效應、鄉村課程問題，以及跳脫鄉村學生普遍囿於自身發展的成見，將於以下討論。

(一) 教育場域：平凡物件的不凡命運

　　首先，將生活脈絡融入教育場域。五味屋公益二手社區商店，經營的是「社區成長意義」大於「商業價值」。從五味屋官網[3]上的敘述可見出幾個創意發表。例如：「掛羊頭賣狗肉」代表著五味屋內雖然有買賣行為，但更重視孩子透過買賣過程獲得

的教育價值。「老闆不在隨便賣」代表貨幣不限金錢，更鼓勵以社區參與等價替代。「銀貨不兩訖」代表雙方基於信賴，即可以有賒帳，甚至先到店裡工作進行存款，後續有看到喜歡的商品再購入的方式，也是可行。「吃人夠夠」代表鼓勵捐物、買物的人，都能跟社區產生連結，甚至經常來探望及協同經營。「黑店」代表連倒店都是可被接受的結局，因為孩子能學到為何倒店的相關知識，亦是寶貴。

　　作者於2019年邀請顧老師到校分享時，顧老師舉一個幾近全新的不鏽鋼杯，其二手販賣過程為例說明。五味屋收到不鏽鋼杯作為捐贈物後，團隊即鼓勵孩子們進行觀察，從外觀包裝可以見到「德國百年工藝」這樣陌生又充滿異國感的字眼。對孩子來說，這透露出昂貴的氣息，五味屋的孩子直覺認定這個杯子價值不菲。在團隊工作人員的引導下，上網查詢才發現這是一個大誤會——其實不鏽鋼杯是購買某電器產品所附的贈品，哪裡製造的根本不是重點。依照在網路上的平均刊登價格，價格只比一個便當還貴一點而已。

圖7-2：五味屋的二手物資成為孩子珍貴的學習素材

　　孩子在驚訝之餘，學到更多自己原本認為「理所當然」外的新知。例如：不能草率地根據外包裝的產地引導，就定奪產品的價值，而且產品如果綁定「贈品」兩個字，價格似乎就會自動往下掉。再者，該贈品的價值是否跟購買的電器「牌子」大不大有關係？為何這個贈品不被需要了呢？這些問題內涵不但與每日生活脈絡接近，又充滿學習價值，無形中更統整個領域的知識。

　　另一例是孩子被激發出來的「新詩」。透過每天的「聯絡簿時間」，五味屋孩子的需求與慾望能透過和工作團隊交流，而被

適當地輔導。有一位特別的孩子育如，就結果來看她有著「新詩小神童」美名，還代表五味屋出去參加不少比賽，但哪裡會知道育如在當時，其實對學習是表現得很抗拒的。新詩的寫作緣起於十二個沒有邏輯的文字：[4]

「十萬八千里，心情、和、天氣、差了。」

顧老師一開始的想法與多數老師無異，想著把育如叫過來關心寫作狀況，不料孩子聰明過人，像是猜到顧老師即將開口的內容，又或者心中自我防衛機制在被叫過來的同時，不自覺「砰」的一聲被打開。育如搶快似地先設立好一道對話的底線，發言道：

「我又不會寫作文！」

顧老師一聽，一剎那間做好決定。她告訴育如：

「你寫了一首新詩，但妳只寫一半。新詩就是句子長長短短、不連貫也沒關係，人家看懂看不懂無妨，自己寫得高興就好。妳要不要把這首詩完成？」

透過不同角度看孩子的學習問題，只要是能讓孩子與生活、與在地產生連結，媒介其實可以很靈活。一般聯絡簿的撰寫可以，新詩也可以。孩子擁有不同的選擇，而且又是自己樂意、願意的學習方式，效果也往往加倍[5]。育如後續自願完成好幾篇新詩給顧老師，為了寫得更好，她參閱更豐富的讀物，心情及生活

點滴、需求及慾望都能更完整地傳達出來，與教學團隊的關係也更加地緊密。

(二) 課程發展：知識技能情意的培養

其次，五味屋以二手物件發展生活型態的課程與學習。一般而言，家中的孩子若要有更好的學業發展，其生長的家庭恐怕必須將家裡資源集中支持培養，讓學業潛力好的孩子成為學習表現好的學生。孩子在經歷刻苦的學習，終於出人頭地後，可能會離開原居住地，去遠方發展。另一種可能性，是家長困於維繫生活與生計，日子過得辛苦，往往對孩子的照顧力不從心，這類社會、經濟與文化資本相對薄弱的社群，若有外界的資源進入，溫暖地送到這類家庭的手上，對生活的沉重是舒緩的幫助。這樣的安排看似理所當然，但五味屋卻不願意就此「接受現況」。

五味屋團隊所秉持的理念是，由問題核心來下手，不只是發現鄉村家庭、學校教育個別性的問題而已，而是要將鄉村教育的「方向」定調。這需要先找出對鄉村教育真有助益的因子，而且產出效益還要長遠，然後按部就班地去推動。每次遇到問題，在採取行動前，顧老師與團隊會去了解背後的脈絡，不是照著一般人會去執行的解決方法，而是選擇利用在地資源，搭建客製化的系統，讓問題化的歷程再概念化或重新被檢視。

運用販售二手物件的經驗是學習方案設計的關鍵。從二手物發展學習，與鄉村教育主體性的教育目標相互結合是很適合的，只要從整理物資到訂價的每個過程中加入好的引導，則有環保、

節儉、分類、數學、價值判斷、溝通行銷、人際互動等課程藏在
細節中。顧老師與團隊都認為透過二手物的交易，就能讓五味屋
成為一處具有專屬色彩的鄉村魅力商店，與其他教育系統顯著不
同的實驗場域　，更是一個做中學的教材。另一個觀點，五味屋
也象徵對鄉村教育展現出「與眾不同」的期待。顧老師曾於2015
年受訪時[6]提到：

> 「那時我的想像是，因為你要做教育，你一定要有個媒
> 介物，假設不是課本，那我就要有別的東西。當牛犁提出
> 『二手物』的時候，我覺得那是很好的教材。純粹從教育的
> 觀點，它可以讓我透過這個東西跟孩子去學生活裡的很多事
> 情，而且它是對外界的窗口。再來是我們曾經跟這群孩子做
> 跳蚤市場做了七年的時間，所以他們對於做二手物是有經驗
> 的。」

從物件如何開發出教材？不僅是物件本身蘊藏的知識內容，
屬於認知的範圍，對於物件的社會價值判斷，又能讓學習的目光
轉向社會脈絡，包括物件的製造者（產業、廠商）、物件的無形
價值（品牌、廣告等概念）、買賣行為所蘊含的市場機制（利
潤、使用者需求、訂價策略等），透過一層層的引導，讓鄉村孩
子能在商店運作實務中習得新知。顧老師曾於2015年接受林慧珍
訪問時[7]說道：

> 「因此先認識這個東西是第一件事，然後它的價值該如

何判斷是第二件事。比如說，它應該要賣一百塊，可是『應該』跟我的『標價』之間就會有一個複雜的系統。比如說這個東西是法國愛佳堡的，是法國品牌的食器，它在外面可能要賣一百塊以上，那在我們店裡應該要賣多少錢？假設賣一百塊可以有很好的利潤，但可能我們社區的人是不會花一百塊買杯子的，那我們是要降低價錢讓社區的人可以買杯子，還是追求一個好的利潤？」

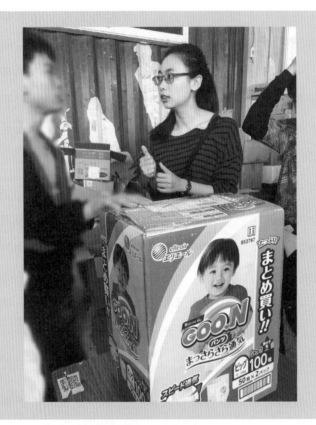

圖7-3：五味屋的老師對二手物件之販售提供協助指導

　　當二手商品不再是二手商品，而是一個教育媒介時，從認識商品到訂價、出售，都能發生許多檢討與進步的過程。重要的是，孩子的學習將在不知不覺中發生，其中社會性的學習尤其精彩。做中學的過程可能帶出許多抽象的「價值」、「價格」、「降價受益」等概念，影射出生活脈絡息息相關的事務。孩子只是為了將一件二手商品賣出，就可能學到10件事情，而且還是他自願自發、充滿熱情的狀態[8]。顧老師接受林慧珍訪問時更進一步地說明[9]：

> 「它（商品）的『價值』跟我的『標價』之間，就有分析、判斷、選擇，以及跟周遭人的關係等等考量在裡頭。慢慢地我們就會從過程中的錯誤裡面去學習。比如說，我本來可以賣一百塊，但我標五十塊。可是非常抱歉，最後買走的人不是我們社區的人，是觀光客，為什麼？結果我降低價格，卻沒有讓我社區的人受益，那我就會重新看待這個標價是否合理。」

　　運用外界捐贈、隨手可取的人造物件，在教學者的設計之下，挖掘出豐富且合宜的教育內容，在實際整理的流程中，讓孩子們從做中學。

(三) 學習管道：打開通往世界的窗

　　最後，安排適時出走村莊的學習管道。五味屋教育得以幫助增加孩子多元學習的機會，除了將生活的點滴化為課程，另一類

做法就是主動觀察並提供孩子「走出去」的機會。大多時候，這類的經費補助總是有限額，所以能幫助到的孩子，很可能就是茫茫人海中的幾位。就算有企業或政府單位願意多提供資源，也會因為受限於參與意願，大多數學童在沒有經歷過充分的外部刺激之前，往往與可開拓生命經驗的闖蕩機會擦身而過。

　　五味屋鼓勵多元學習，彰顯在閱讀、演講、環島等體驗活動之不定期提供上。提供給學生作為學習選項，鼓勵他們接觸在地的同時，也能更加認識自己。五味屋剛開張時就來，現在可稱為五味屋「畢業生」的「螞蟻」即是一個例子。螞蟻曾在與來訪五味屋的客人聊天時分享道，五味屋有很正向的力量，會讓人變得比較樂觀。也因為在五味屋的經歷，讓她後續申請社工系就讀，希望能運用親身的成長經驗來回饋社會。除了螞蟻，也有兩位孩子為自己訂立至海外（美國佛羅里達州）的學習方案，從設定目標、募款、規劃行程整整籌備三年，到回來後製作成果報告都一一克服完成[10]。五味屋團隊的理念之一即是希望幫助孩子能跨越在豐田成長的經驗，到外頭多多見識一番，進行移地學習方案，從中為每個孩子客製化學習。只要是孩子想做、知道為何要做，五味屋都會盡力幫忙找管道，給予支持。

圖7-4：五味屋舉辦過的體驗活動照片牆

　　五味屋找外部資源管道的方式，大多就是透過團隊協力寫計畫的方式。五味屋雖然目前頗有名氣，被媒體稱為臺灣偏鄉面對世界的窗口[11]，但總有剛開始的時候。創辦初期，由於大家還不認識五味屋，當時也沒有穩定正式專任的工作人員，多靠研究生協助，以一位研究生帶幾個孩子的方式進行。穩定幾年並做出成效後，也才備妥穩固的說服條件，說服更多單位願意提供贊助及支持。二手商店寓教育於生活的模式，吸引許多企業與機構以捐贈物資方式贊助與支持五味屋。五味屋的計中計重新定義教育場所的意義，接下來分析背後改變學習慣性的做法。

三、策略回應：以小搏大，養成人生慾力

　　五味屋團隊相信，鄉村的命運是可以靠鄉村孩子自己創造改變的。也因此，團隊推動這些創新作為，不是為了改變孩子，而是提供「孩子改變自己的機會」。當學生的選擇權變多，他們也變得敢於夢想、描繪自己的未來。當學生一個個抓取到這些改變的機會，累積起來就會變成轉變自己與鄉村的能量。鄉村的命運也自然而然的發生正向而有機的變化。

(一) 單向給予轉為雙向換取

　　一般單向給予的做法，受幫助者相較來說是較為消極的。舉例來說，體制內的老師面對學生的家庭有經濟困難時，常見的做法是搜集證明申請補助，盡可能提供各式各樣補助經費去解決經濟的不足，大多的受幫助者是被動接受。若家庭除了經濟之外還有其他需要，則會通報社工協助處理。家庭經濟狀況不良若是因為理財觀念不佳，想要讓學生可以擁有理財相關的知識，則會利用相關領域進行資料補充。另一種情形是，當學生出現違規（甚至違法）行為時，大部分老師會依據事件嚴重性以規勸、記過等方式等處理，若觸法則需移送法辦。這些例子中，老師都是付出的主角，受幫助的學生相較之下沒有主動的參與，偏向於單方面接受他人的好意，無論是物力或人力上的協助。

　　五味屋的做法是盡可能地促成「雙向換取」的機制。重點在於促成受幫助者擁有表現積極的機會，受幫助者會設法用手邊的

知識資源換取他人的幫助。五味屋希望能建立系統讓家長也有參與和貢獻自我的機會，於是提供五味屋的參與工作兼任機會，給予家長薪資，讓家長不只是賺取經濟收入，還能夠從工作中得到有參與感的踏實，讓自己也能抬頭挺胸地在工作中展現與貢獻。激發孩子參與則是透過實施多種工作點數制度，運用點數兌換生活所需用品與外出學習。為鄉村孩子規劃各種活動參與，讓學生在學習歷程中漸漸了解自己，也更懂得安排身邊的資源，養成「付出才有得到」，從生活情境中學習經濟的獲得與運用的能力。

五味屋的設計，在於翻轉鄉村弱勢孩童與家長的「受人幫助」為「用自己的投入──知識或服務換取需要的東西」。這有種各憑本事的味道，單向接受經濟或其他協助或許可抒解困難，但「被救濟」的感受並無法同時被考慮進去，家長的參與促成及共同學習的管道未獲得同時的照顧，就容易出現慈善救濟後的「福利依賴」狀態，甚至於受到指責或歧視──怎麼都不努力，只靠救濟！孩子正處於摸索自身定位價值的階段，由於生長在資源相對匱乏區域，學會「靠自己」的價值觀與能力，對往後的人生多多少少是加分與更有力量。五味屋作為一個長時間陪伴鄉村的影響力基地，為鄉村孩童與家長提供創新的教育模式。只是，學生需要什麼請自己付諸努力獲得，而在獲得新的資源之後，能有尊嚴地向大家分享努力過程。縱使只是一件不困難的小事，也化解社福團體單向給予的方式，使弱勢者獲得資源，也獲得尊嚴與自信。

(二) 鄉村百味投射出豐富課程

　　第二個柔韌做法跟課程有關。教育體制細部的課程是從上位的課綱發展下來，是由上而下(top-down)的過程。長年下來，老師與學生大都已習慣。但習慣卻不等於這是一個「百搭」的做法，至少對鄉村教育來說就完全不是[12]。市面上的教材以及內容是隨著課綱而編排，然而，統一的課綱無法滿足學生的多樣性需求。當學生的狀況與教材、課程之間產生落差時，現場老師多半是利用課餘時間進行補充，或是利用學校本身的活動進行結合。如果遇到像五味屋的育如，在寫作上遇到困難時，課表中如果沒有安排寫作相關課程，多數老師會利用手上的文本，在早自習或是其他彈性時間進行補充性的教學。此外，老師也會利用學生聯絡簿上的小日記與學生進行較深入的對話，練習學生的寫作能力。

　　一般教師會在不影響主要進度下的課餘時間，嘗試讓課堂更接近學生的狀況。然而，這樣的教學模式仍然以老師給予的內容為主體，學生持續是「被餵養」的角色。如果進度不許可，也沒有這麼多時間可以讓老師多方利用，若課堂出現學生程度落差時，老師多半是很難處理的。顧老師嘗試「由下而上」(bottom-up)，也就是由小小的日常，經過編織延展，往上長出一個全新、專屬於鄉村的課程。學習素材就在五味屋孩子的生活當中，例如因為需要標價而接觸到冷氣的贈品，接著產生後續的探究。這個教材並非從「學校規定」而來，是因為生活所需而出現的，

此時這位學生與這個教材的脈絡即是一致的。

　　再者,很多學習展開都是來自於學生的「想要」。例如:單車環島,因為學生看到這些單車客,對他們充滿好奇,而激發他們對單車旅行的希望。為了實現這件夢想,五味屋全員行動一起學習,所有參與其中的人都是知識的覓食者。以環島挑戰為例,並不是由顧老師提出「環島」這個計畫,也不是顧老師將腳踏車搬到學生面前,告訴他們單車環島很有趣,而是學生在生活中發現這件事情,五味屋團隊承接住這個發現,讓這件事成為學習的起點。

　　小詩人育如也是如此,她不想寫很長的日記,而寫下那些零散的字句。顧老師接住這個想要,將這篇日記變成新詩的教材。這個教材跟育如的需求也是一致的脈絡,且成功開啟她對於探究詩的興趣。顧老師認為,與其茫茫然地學習與生活沒有連結的陌生知識,鄉村小孩的學習拼圖其實就散落在生活當中,應俯拾而重組才是。

(三) 微小實務中提高參與感

　　鄉村教育有諸多的困境持續的發生,這些困境的解除,並非線性思考的「問題對方案」即可達到脫離困境的目標。五味屋明白這個道理,也因此會以站在制高點位置,長期持續投入的態度,「坐看」這些困境是如何在有機的情境中被看似自然地化解。

　　顧老師的策略是讓孩子了解,沒有學習興趣並不是件罪惡的

事情，接受學生的「不知道」，重要的是也不一定要急於「解除」不知道的狀態。當經過一段時間的鋪陳及布局（例如：生活課程的引導），學生的參與感逐漸提高，接著才端出「正餐」。屆時，自然就化解了「學習動機低落」的特徵，一定能大口、大口吃下豐盛的全餐，另外像是提供出國比賽的機會，孩子也願意積極地爭取。

　　當孩子感覺到被支持後，五味屋順勢為孩子們學習所制定的計畫，向外界申請補助，再主動帶領孩子們體會、執行各計畫中的甘苦點滴。當學生自己走過各種活動、完成數種挑戰，並經歷了能掌握學習的自信與成就感後，會更願意承接挑戰與開創性的學習。也因為在歷程中有機會了解自身喜好，五味屋的學生到中後期甚至會自己提出希望能走出去，看看自己心目中想像的那塊風景。本節所談論到的柔韌設計邏輯解析內涵，整理於下圖7-5。

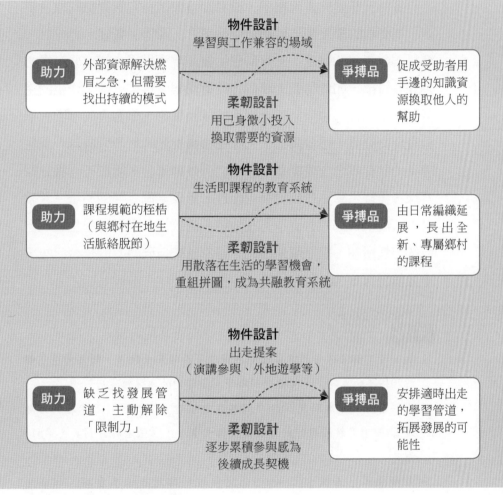

物件設計
學習與工作兼容的場域

| 助力 | 外部資源解決燃眉之急，但需要找出持續的模式 |

柔韌設計
用己身微小投入
換取需要的資源

| 爭搏品 | 促成受助者用手邊的知識資源換取他人的幫助 |

物件設計
生活即課程的教育系統

| 助力 | 課程規範的桎梏（與鄉村在地生活脈絡脫節） |

柔韌設計
用散落在生活的學習機會，
重組拼圖，成為共融教育系統

| 爭搏品 | 由日常編織延展，長出全新、專屬鄉村的課程 |

物件設計
出走提案
（演講參與、外地遊學等）

| 助力 | 缺乏找發展管道，主動解除「限制力」 |

柔韌設計
逐步累積參與感為
後續成長契機

| 爭搏品 | 安排適時出走的學習管道，拓展發展的可能性 |

圖7-5：以小搏大的柔韌設計

　　身為五味屋的靈魂推手，顧老師有如擅長客製餐點的教育主廚，為鄉村的學生製作他們想要的美食（課程）饗宴。她分析，鄉村弱勢學生的難處，先幫助學生認識現實世界，知道要有得必須先有付出，如此得到的時候也將更快樂。再來，轉化學生的生活點滴為課程，也因為符合學生的成長脈絡，學習者的參與慾望只有逐漸旺盛，不曾降低。五味屋積極推動鄉村教育成為一個生態系的共存概念，鼓勵鄉村孩子能到外面學習，吸取不同養分回鄉來，再提供學生找到更多可能性，形成一個良性的循環。其教育方式既引導鄉村教育進行在地特色的改變，也引導學生發現自己的志趣所在，進而幫助他們「還原」成自己該有的學習口味，十分值得玩味。

注釋

1. 進一步了解讓孩子們靠自己雙手獲取資源的正面效果，請參考遠見雜誌2019年的專題：〈從接受到給予，囡仔們的幸福雜貨店〉。

2. 資料來源為雅虎新聞2020年轉載自許椀晴，2020，〈五味屋的另類學習 顧瑜君教授用行動力翻轉偏鄉教育〉，《張老師月刊》，第513期。

3. 五種詮釋「五味」(5 way)的詳細說明請見五味屋官網，網址：https://5wayhouse.org/about/。

4. 育如例子的相關事實性資訊取自於親子天下2018年的出版書籍：《五味屋的生活練習曲：用態度換夢想的二手商店》，58-61頁。

5. 更多五味屋學生案例，請參考親子天下2018年的出版書籍：《五味屋的生活練習曲：用態度換夢想的二手商店》。

6. 資料來源為夏黎明、林慧珍，2016，《編織花東新想像──十四個東臺灣創新發展的故事》，臺北：遠流出版。裡面的「關鍵人物──顧瑜君訪談內文」，292頁。

7. 資料來源同上。

8. 進一步了解學習成效，請參考2018年GHF教育創新學人，《偏鄉孩子的幸福小鋪──五味屋團隊》運作實錄：https://reurl.cc/KA0Wg9。

9. 資料來源為夏黎明、林慧珍，2016，《編織花東新想像──十四個東臺灣創新發展的故事》，臺北：遠流出版。裡面的「關鍵人物──顧瑜君訪談內文」，293頁。

10. 兩個孩子的案例資料來源為募資平台的介紹，網址為：https://www.flyingv.cc/projects/16389?lang=zh-TW。

11. 有關這個說明的詳情請參閱中央社記者在2018年8月26日的報導，網址：https://tw.news.yahoo.com/五味屋黏人-意外成台灣偏鄉面對世界的窗口-034405789.html。

12. 進一步了解鄉村教育的立場與觀點，請參考博客來閱讀生活誌2018年的採訪：〈人只要願意參與，事情就有可能──顧瑜君談《五味屋的生活練習曲》〉。

Chapter 08

柔韌的洞見：從巨變革到柔創新

Insights from Robust:
From Macro Change to Soft Innovation

「沒有什麼比真正的溫柔更強壯，也沒有什麼比真正的堅強更溫柔。(Nothing is so strong as gentleness, and nothing is so gentle as real strength.)」

——基督教資深牧師　薩克曼(Ralph W. Sockman)

經濟學家熊彼得(Joseph A. Schumpeter)在1911年的《經濟發展理論》一書中提出創新以來，在各個領域，如公共政策、科技發明、產業商管、文化創意，甚至在教育領域，都持續探討創新，創新的內涵、為何與如何發生，一直保持豐富的討論空間。以下談談本書所談的柔創新，與大眾面前的創新樣態有何不同。

一、柔創新的時代

創新近年來在社會上逐漸建立出正面的地位，透過各種傳播管道與親身經驗，大眾面前的創新，大致有以下三個樣態。首先，創新代表著振衰起敝。管理學大師彼得・杜拉克曾言：「不創新，就滅亡。」[1]這句略嫌聳動的話，在業界廣為流傳。這多少來自於熊彼得對創新的看法，熊彼得對資本主義下的社會運作有深刻的觀察與解讀，發現產業興衰轉換的關鍵來自於創業家(entrepreneur)所引進的創新。創新有五個來源，分別是新商品、新生產方法、新市場、新原料與新產業組織的形成。例如：智慧型手機相較於傳統只能通話的手機是完全不同的新商品，問世後席捲全球成為手機主流，傳統手機產業式微，創業家重新構築一個以智慧型手機為核心的新產業。振衰起敝，就是創業家在經濟景氣循環到谷底時，以創業精神(entrepreneurship)，透過積極從事創新活動，再創一個新的產業景氣循環。

其次，創新也代表著跟現實技術相比有突破性的改變，因

此成為各領域研發人員的努力目標。創新可以是新科技、新產品，也可以是新作業流程、新穎的服務或是新的觀念。不論以何種型態出現的創新，必然都內蘊「新穎性」(novelty)。新穎性來自於創新內技術知識的含量[2]。由於內蘊著不同程度的新穎性，因而形成不同種類的創新，一項常見的分法是分為漸進式(incremental)與激進式(radical)創新[3]。例如：從美國發展出來的電力照明系統並非改良自煤氣燈系統，而是完全不同的科技發展軌跡，就是一種激進式創新。廣受大眾喜愛的日本小家電，業者擅長小改款，增加創新物件部分功能或介面的便利性，屬於漸進式創新。2019新冠疫情全球擴散後，疫苗的有效性如能逐步提升，並降低接種後的副作用，正是社會大眾最殷盼的漸進式創新。

最後，創新更代表著面對眼前困境的正向思維。除了新穎性之外，創新的另一個要件是創造價值，不論是問題解決或是滿足需求，都是創新帶來的效益之一。世界知名的IDEO設計公司所提倡的設計思考，深入使用者脈絡找出痛點，作為創新靈感的來源，因而產出為尼泊爾缺乏電力地區設計的早產兒保溫箱。這項創新不需接上電力即可發揮保溫作用，大大降低了早產兒的死亡率。創新者構築交通運輸或出外住宿的平台，連結服務提供者與終端使用者紛雜的需求，為服務提供者創造曝光與遞交服務的機會，也為使用者提供客製化服務，大大增進營運效能。

創新雖然具有產業上振衰起敝、科技上突破改變與解決使用者問題的正向思維，然而，我們也不能忽略創新的相對性。一項

創新是否能反敗為勝、是漸進還是激進、能否解決問題，會因人、因地、因時而有所不同。有些在甲地看來是漸進式的創新，不怎麼新鮮，但是在乙地卻可能是激進的，會造成社會革命。創新的意義與價值，跟接受者所處的地緣、文化、歷史脈絡息息相關。然而，我們卻常誤以為創新存在於類似實驗室的真空環境，忽略在真實社會脈絡下，創新者必須持續地與相關人士溝通，運用多種計謀來成功導入創新。誠如管理學者樊蒂凡對於創新的定義：創新是在現實的制度脈絡下發生，充滿創新者施展巧計的交易性質[4]。

因此，優質的創新不是在科學發明、技術功能或是使用滿足上具有相對優勢，我們就能期待創新順利擴散，並且為社會帶來巨大的改變。更重要的是，創新者推出與制度脈絡相容的創新，多方運用可以觸發使用者理解的語言，持續地跟不同利害關係人溝通創新的好處，達到「交易」的效果。創新效果要能體現，除了考慮對方是否買單，且須同時確保不至於因創新引發制度中掌權者的疑慮而被打壓，或是因為創新的新穎性超越使用者理解，令人困惑而延滯採納。

本文所提出的「柔創新」代表的是創新者柔軟的身段、創新物件柔韌的設計，以及對使用者產生柔化的效果。柔韌設計產生效果的關鍵，在於洞悉制度阻力的內涵，運用設計的巧思，轉化阻力的方向與性質，成為創新的助力。石頭是堅硬的，水是柔軟的，然而水卻能歷久而穿石，足見「柔韌性」並不存在於外表或實體的堅固特質，水的柔軟與開放造成不斷流動與包容適應，因

此能與石頭共存，進而尋出石頭的微細弱點，歷時而穿透，造成滴水穿石之果。柔創新代表創新者要運用似水一般柔軟的計謀，不以取而代之為目標，試圖與強大的制度共存，但如同水能穿石一般，堅固的制度也會有改變的一天。

(一) 道阻且長：解讀制度阻力

如同本書第2章對於制度力的整理指出，制度力是強大的、持續的、難以跳脫的，但也是無形的、隱微的、難以察覺的，必須透過人的思想與行為來體現，本書的五個案例，從行動者的思考與行動，凸顯出制度阻力的深層特質，分為三點解析，進一步幫助我們理解制度阻力的本質。

第一，反向性——良善的制度反而成為「不創新」的幫兇。制度是社會安定的基石，沒有法令規則、行為規範與文化規矩，人們的思考與行動無所依循[5]。集聚各方資源與眾望的制度，往往站在整體的角度，審慎地推出盡可能周延、也較能歷時代考驗而無漏洞的方案。例如：課綱的能力指標為各場域的教學設定目標與指引，意欲提升不同教師的教學品質到特定水準，其立意皆為良善。創新代表改變，與訴求穩定的制度在先天格格不入的情況下，制度很有可能成為其庇蔭下不想改變、採取不創新作為人們的保護傘，此為「反向性」[6]。

制度本應是使人安定、相安無事的存在，但也因此成為不想改變的大多數人的保護外表，制度對創新而言，更可能造成使用者採納創新的阻力，使創新的推廣遲滯不易。制度內的成員由於

法規、規範，或是文化影響致使的價值觀底定，思考模式大多是彼此模仿、自相複製，在行為上也有趨向同型化發展的現象。在龐大制度阻力的洪流中，透過個別行動者的反思、產出「改變」已是不易，當有人登高一呼、以創新號召改變時，團體的其他成員為了依循自己的慣性或是躲在舒適圈的慾望，就會運用制度作為不欲改變的神主牌，用遵循制度的規則與要求打壓創新。這項特性成為制度阻力最難解的內涵之一，驅使大眾在想法或行動上朝向特定形式發展的系統性力量。不想改變者拿著制度當作令箭，拒絕接受並進而驅除創新，令創新難以生存。

第二，**密疏性——密實的層層保護與連動運作，但百密必有一疏**。個人生命有限，制度卻可能長存。制度被定義為：「是一種人們理解與運作實務的歷史產物，它設定行動的條件，行動者以遵循這些條件的方式，逐漸取得行動的正當性。當制度阻力被視為理所當然時，就會進一步形塑未來的談判空間[7]。」這樣想來實在令人不寒而慄，若是制度阻力依照上述的定義存在與運作，層層保護且互有關聯的情況之下，創新怎麼會有生存的空間？答案當然沒有這麼悲觀。

制度阻力是密實且具有連動關係，像是法規具有強制性力量，設定社會行為的結構，多數人遵從法規後又形成一種群體壓力，對不遵守法規者予以異樣眼光，進而造成互動規範上的約束力。例如：學校課程的時數安排，會形成老師教學與學生學習的結構，時數多者占據結構的較多部分，代表師生投入的心力也多，亦進一步帶動社會規範的成形，學生跟家長可能會更加敬重

教導主科的老師，這是制度力的連動影響。制度阻力更因此形成類似「質量」的概念，連動關係越強者，代表越密實的制度力，也是資源與力量的集結處，因此產生密疏性，有密有疏。創新者如能找出制度力中密實或疏鬆的部分，代表洞察出制度中適合切入的革新點，接著得以由疏鬆處下手改變。

第三，**鑲嵌性──制度的箝制特質是創新資糧所在**。制度因為定義法規、道德規範與文化的疆界範圍，區分可接受與不可接受的行為，具有控制社會行為的能力[8]。另一方面，這種能力也能被創新者視為機會。創新者運用他們對制度環境的經驗與知識，來引導與進行他們對創新進行正當化的行動，例如：如果創新者知道如何做可以符合制度要求的標準，就能運用此標準為創新黃袍加身，贏得社會的接受度。

創新者運用制度是一種智慧，從原本被認為的限制，也就是這些鑲嵌性，成為推動創新的知識。創業的相關研究，也有許多探討創業者如何運用制度所提供的資源，像是如果能取得社會與文化等符號性資源，進一步取得物質金錢等實質的資源[9]。例如：創新如能獲得社會上有公信力的獎項，雖然獎項本身未必帶來獎金等實質資源，但卻能讓該創新成為投資人的注資標的而取得實質資源。回到陳校長個案，若不是村民信奉神明，陳校長的祭天儀式也未必能發揮約束村民保護環境的效果。

綜上，「反向性」意指制度阻力影響行動者的社會行為與施展方向，驅動他們往制度設定的方向前進。例如：綠燈前行、紅燈止步。這種方向性卻往往被社會上不想改變的人們所運用，成

為不欲改變、抗拒創新的藉口。「密疏性」代表制度阻力富有質量概念，例如：有些法規嚴格且重要（如《刑法》），有些法規相對較為彈性與寬鬆，如果要撼動制度力，可由疏鬆處下手較有成功機會。「鑲嵌性」代表制度阻力的本質極有可能是創新者的資源，俗語說「以夷制夷」，唯有更加了解對手，才能夠運用對手來戰勝對手。制度阻力的多元特質與豐富動態，是創新者必修的功課。

(二)計中計：柔韌的力學原理

創新設計代表創新出現在社會大眾面前的風貌，各種設計的元素中，功能(function)與形式(form)是最常被討論的兩個重要面向。本書從五個案例的創新者作為，發現要留意的，不只是物件上外顯的設計特質（功能與形式），創新物件內還內蘊看不見的「計謀」(stratagems)，是為設計上第三個要考慮的重要面向，以下分為三點解析：善取支點以設計槓桿效應、重構定義以取得正當名義、巧立位置以借光達成共振。

第一，**善取支點，設計槓桿效應**。柔韌設計所呈現最主要特性就是化阻力為助力，轉化力量的關鍵在於：找出制度施予使用者阻力的支點，轉化力量的方向。「尋找支點」就是創造出槓桿效應的重點。本書案例指出，尋找支點可運用「提取近支點、選取問題點、任意找支點」等三項原則。

首先是運用「提取靠近使用者位置的支點」。從使用者必須遵從的規則或長期養成的慣性中選取適當元素。這是從原本感到

負擔的力量中找出可用點，再運用於跟使用者溝通介面的設計，讓使用者產生親切感而予以認同接納。例如：溫美玉老師運用老師遵循各式教學規則的慣性，來設計備課Party上各種教學案例，讓老師容易理解與採用。或是，像陳清圳校長以祭天的儀式，用村民們敬崇神明的規範來與村民約定，村民進而能滿心同意遵行各種不破壞環境的措施。

其次是運用「選取問題點或破口作為支點」。從制度力對使用者所造成的問題點，或是由「百密」的制度力找出「一疏」所在，並集中資源於此點來達到扭轉效果。例如：均一教育平台的差異化任務指派系統，利用學生的「異質性」來加強設計，彰顯學生不足之處，再給予不同學習任務，補足學校老師齊一教學所造成的問題。又像是陳清圳校長辦學從社區醫療站的改善開始，由此一看似跟教育辦學無關的議題切入。透過解決這些問題點來充實社區機能，從而引入各種資源以改善學校問題。

最後是運用「不取特定的支點位置，但增加我方的力度」。有時候，創新者要選取合適支點或是創造新支點並不容易。這時可以思考不去挑選某些特定支點，但增加與制度力對立的一方（通常是我方）的力度。例如：溫美玉老師的案例中，面對課堂中權力結構的制約，既然無法強制改變教師的高權地位，學生群的話語權又集中在部分學生身上，一時難以改變此結構性問題，於是溫老師提供給學生使用的五卡一板，讓學生手頭上有更多力量可以運用。學生不必像過去上課停留於「點頭或搖頭」、「是非或選擇」等有限選項，而能透過五卡一板思考盤整與書寫表

達，藉此改變師生互動結構，讓學生突破思考框架。

第二，**重構定義，取得正當名義**。許多創新物件會建構或運用符號，設法跟使用者溝通，讓使用者能解脫制度力束縛，有恍然大悟之感，進而能認同並理所當然地採用創新。本書案例中也不乏見到用創造意義、重新定義或是修辭等方式來重構(reframe)意義，進而取得正當性。本書指出，重構可以採用「重新定義與建構意義」等兩項手法。

首先是「重新定義制度的要求」。創新者並非是抗拒或改變制度的要求，而是針對「制度要求背後的要求」。例如：教育領域需要的是「真正的學習」，進行多元的解讀，達到重新定義的效果。在五味屋個案中，顧老師藉由鄉村生活以及與學生相處的脈絡、俯拾而得的線索，由下而上拼出獨特的鄉村教育內容。這讓學習跟生活相連，產出更多與生活結合的實用能力。學生因此能回應制度表面要求下真實的要求——學習，而五味屋的作為也因此取得正當性，並進而消除制度要求對於使用者的箝制。

其次為「重新建構意義」。創新者透過設計物件，傳遞舊有概念的新意義，讓使用者潛移默化地接納創新。例如：均一平台的多元回饋評量，讓學習者的投入過程也納入「功績」計算，重新建構「學習成就」的意義。成就並非只等於考試分數，學生的投入過程也同等重要。要促成使用者心理轉換，就要為學習投入建構新意義，多元回饋系統上物件的設計，能量點數與徽章是促成的關鍵。

第三，**巧立位置，借光達成共振**。本書所呈現的第三種柔韌

設計，較少在文獻上探討，在創新與制度對峙的情境下，創新者有時會將創新「柔弱地」依附在制度旁邊取光，讓使用者一時不察、愛屋及烏地採納創新。與此原理類似的，是運用創新引出同質性作為振動源，引發其他具有同質性的行動者產出共振效應。

　　在制度的光環籠罩下，使用者往往不能察覺出光環外圍的「異端」。這不是異端不存在，也不是使用者喪失知覺能力，而是制度所產生的制約力量所致。此時，無論在異端上如何打燈，也很難在使用者面前產出光彩。那麼，只有改變異端的位置，移動到制度所關注標的上，才有可能引起使用者注意。黃兆伸老師案例彰顯這種巧思，在技職學生眼中，美術科很難引起學生的重視。黃老師連結美術科與主科，設計成跨領域教案，就能發揮借光的效果。他藉由與學生（也含家長）心目的重中之重——數學、英語、物理等科目連結，重新設計美術課。溫老師備課Party則側重在設計教案，誘發老師社群同質性，以擴大創新擴散的範圍與強度。回顧所有案例，可以見到各案例中的物件有如載體，行動者能依物件使出計中計（含各章所發現之化阻為助、借力使力、化勁卸力、借光投射、以小博大），施以柔韌設計，將阻力逐漸化解，如下圖8-1所示。

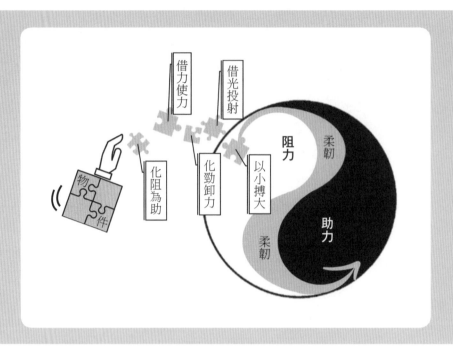

圖 8-1：柔韌概念圖

　　「善取支點，設計槓桿效應」、「重構定義，取得正當名義」與「巧立位置，借光達成共振」等三種柔韌設計原則所隱含的是「計謀」，它較一般設計更為寬廣，格局更高，也需與制度中的使用者互動。同時更細緻，行動更微觀，需同時深入行為與認知來進行。不同於一般的設計著重於物件的功能與形式，柔韌創新者巧妙運用物件的設計，選用物件的特徵來「設局」，以改變使用者認知，並引發使用者特定行為。「策略回應」文獻雖提出類似概念，如操控(manipulation)，指透過影響使用者的思維與行動，以迫使制度改變要求，讓創新順利推展[10]。但策略性回應

文獻較沒有關注到物件的設計與其產出效果背後的動態。

　　過往文獻也不乏像是「轉化」或「小勝利」的柔韌設計。「轉化」的柔韌設計具有代表性的便是法國巴斯德(Louis Pasteur)的疫苗擴散案例。他為了推展新疫苗，特地到接近畜牧農場處，與當地農夫建立關係。巴斯德藉由與農夫閒聊的時候，教育農夫如何使牛羊健康的觀念，不談細菌與疫苗，只說如何能促進牛羊的產乳量，提升牛羊乳的鮮度與常保健康。結束一個農村，巴斯德再轉往下一個農村進行相同的工作，於是疫苗的觀念在法國社會便逐步擴散開來[11]。

　　「小勝利」的柔韌設計可見於加拿大亞伯達省醫院服務體系變革的案例[12]。創新者需伺機而動，把握制度力的空檔來製造微小的改變，逐漸強化「從業護士」的新角色，在飽受醫生與護士的抵制下，導入複雜的醫院組織。這些研究大多是針對創新者如何使用修辭及遊說技巧，讓使用者接受創新，或是利用時機，在制度阻力力有未逮時趁虛而入，導入創新的改變。不過，這些研究並沒有分析如何將阻力化為助力，也尚未思考阻力如何可以被轉化為資源。

　　與柔韌設計類似的策略，還有「特洛伊木馬策略」(Trojan horse strategy)。這是一份研究社會企業如何處理社會福利制度與商業運作規則兩難的報告，他們發現社會企業的創業者，必須刻意地強調或增加社會福利的背景與外表，以便在社會福利領域中能吃得開，取得領域內成員的認可（或可稱為正當性）[13]。研究者將這種策略用木馬的譬喻，巧妙傳達出創新者為了能攻進制度

的範圍，必須在外表形式上做某些程度的「偽裝」，進入後再謀求實質內容上的轉變。跟柔韌設計相比，兩者的相同點在於都不是全面的臣服於制度，而是在運用制度來取得制度認同，但不同的是，特洛伊木馬策略強調以形式取得正當性，並未深入闡述「力」的作用。

　　柔韌設計提醒我們「力」的重要性。力存在於創新與制度的對峙之間，制度阻力可被視為創新助力，幫助推廣創新。根據物理基本力學，力有三個要素：大小、方向與作用點。以「槓桿」為例，制度阻力會箝制行動者的思考與行動，產生看不見的「鐵籠效果」[14]。面對這樣的力量，多數的人們往往不知覺醒而趨於順從。某一類行動者則會想去反抗，進而有推翻制度的念頭，就成為革命。另一類行動者則是有技巧地處理，善用阻力納為己身資糧，也就是柔韌。柔韌的創新者施力的關鍵，在於釐清制度對使用者產生的阻力，並找出槓桿點，再運用設計去啟動「化阻力為助力」的機制。這提醒我們如何用「力」的角度來看創新與制度的對峙。當制度加諸阻力於使用者時，創新者應該著重於辨識與善用這股「力」。柔韌設計者便是像西洋棋高手一般，從對手的攻擊方式去思考回應招式，進而順勢而為、借力使力。這是兼顧理想與務實的創新之道。

二、務實的柔韌：人人都是溫柔革命家

(一) 教育者的啟發：你今天柔韌了嗎？

　　人人都成為溫柔革命家，是吳英長老師對教育改革的期望[15]。教育界是高度制度化的場域，其各項運作深受制度力的制約[16]。本書希冀能對主管機關、學校與老師三方有所啟發。不論是站在政策的高度去構思環境的營造，還是由學校組織層級的角度思考營運問題，或是個別的教學工作者的日常，若能施展「柔韌設計」的策略技巧，或可改善制度對創新產生的不良影響。本書的貢獻可以分做三點討論。

　　首先，教育主管機關是制度的重要成員，也是施展制度影響的主力。本書對於制度力的整理與五個案柔韌設計的發現，或可使其更審慎於政策與法規的制定，其啟示有三點：結構空間的創造、規範與認知的察覺、反思警覺性的孵育。其一，法規設定社會行為的結構，在結構的框架內可能存在著空間，這是創新者可運用的彈性。因此，法規訂定與彈性空間必然共存，關鍵在於創造彈性空間的大小。主事者若在法規面密織羅布各種控管網絡，不但本身需要投入甚多資源於監視執行，在資源定額的情況下，也將擠壓到開創的資源。當控管層層密布，制度力源源不絕時，很可能就會傷害到創新生存的弱小空間。其二，社會規範與文化認知的力量亦是構成強大制度力的重要元素。政策制定時如何能更深入體察社會規範與文化認知的內涵，分析對創新可能造成的

戕害，而據以調整法規的角色與功能，亦是當局者宜審慎評估的。其三，近年來國家社會環境鼓勵創新，以主管機關角度，如何營造出有利於孵育創新的環境應為關注議題。或許，重點不在於設置更多已幾近浮濫的獎賞方式，如舉辦教育創新競賽，而在於檢視教育內容能否培育學生的「反思警覺性」(reflexive awareness)，播下未來更多創新的種子[17]。

　　其次，對於教育組織而言，一般來說學校扮演兩種角色。其一是承接上級機關的各種規定與要求，成為同樣受到制度力制約或影響的行動者。其二，對於校內成員而言，學校也是扮演制度的角色。學校當局制定各種規定、作業流程、形塑規範與文化等，一樣會對校內行動者施展制度阻力。就前者而言，柔韌設計原則可作為其爭取更多創新空間或資源的策略。例如：現在許多具前瞻性的學校已然跳脫傳統行政的範疇，轉向於主題課程開發、跨域創新等做法，目的在提供師生更好的學習輔助，也能提高學校的競爭力與評價。許多學校致力於創新時，需考慮使用者，包括教師、學生，甚至家長等所承受的制度制約。例如：學校行政端遵循法規所衍生的不知變通，教師端按表操課所衍生的不求創新，或是家長端望子成龍、望女成鳳的價值體系等，若不將這些制約考量進去並回應之，難以推進學校的創新。同時，學校也扮演制度的角色。學校當記取經驗，創造一個治理清明、持續孕育創新的教育環境，切勿助長錯誤的制度力，不斷地疊床架屋，反而強化制度的控管力量。

　　最後，對教師而言，柔韌設計原則可作為其日常教學的輔

佐。教師是教學現場中的靈魂，他們不是文化或知識的傳聲筒而已，更像是一個現場的創造者。教師要面對每天千變萬化的學生，解決現場層出不窮的問題，若心態無法柔韌，眼前許多來自結構的困境與文化的慣性，便足以消磨教師初心與熱情。老師一旦被闇黑化，就會成為制度阻力的助長者。教學工作深受法規、規範及文化認知等制度力的制約。教學工作要創新，需了解制約而不同意制約。越了解制約，越能運用制約來化解制約。本書案例的創新者有豐富的教學經驗，充分體察制度的要求，因而能找出適合的槓桿支點，進而化阻力為助力。

(二) 管理者的啟示：尋找力的方向

　　經理人是企業的操盤手，是創新的布局者。柔韌設計將是管理者實用的策略工具，可分為三點來說明。首先，產業法規、技術標準、專業規範與文化等，都是組成制度力的要素。不論是傳統產業的轉型，或是新興產業的崛起等屬於產業層次的創新，都需面對制度力。位居領先地位的廠商、公會或是廠商結盟，都可能成為制度力的來源。為鞏固己方在產業結構上的優勢，他們很可能會打壓各個可能造成威脅的新興業者。美國愛迪生案例中，電力照明系統前的煤氣燈業者合作結盟，壓抑電力照明系統的發展，即是代表性的例子。因此，不成為制度的眼中釘，是產業創新者要學會的防身術。

　　其次，組織相對於制度，仍是小蝦米對大鯨魚的形勢。大部分組織都需面對多重制度力，例如：企業營運要符合商業法規、

商品設計要符合技術或安全法規、人力僱用要符合勞資法規。除了法規構面，組織舉措也都要符合社會期待，如公眾形象與社會責任，並不比教育領域輕鬆。在商業界較常看到的回應方式是「陽奉陰違」，也就是「上有政策、下有對策」。企業主以靈活的手段多半能在制度力縫隙中找到操作空間，然而，也有制度力太強而無法閃躲的時候，如歐盟規範碳排放量，業者除了遵從照辦，也沒有其他選項。柔韌設計提醒組織在與制度對峙的狀況下，仍然可以借力使力，譬如上述碳排放量受限的例子，藉此阻力轉換經營型態，作為高耗能產業進行能源投入，即是一種解法。畢竟，許多企業無法改革，問題通常不在外而在內，多半是內部形成的僵固性難以化解，或是組織內的既得利益者架築高牆抗拒改變。管理者只要轉換心念，外部阻力就可以重新設計為內部改革的動能。

　　近代社會科學家也提出許多與柔韌很類似的概念，諸如脆弱的力量(vulnerability)、恆毅力(grit)、韌性(resilience)等，它們強調的是個人心理機轉的柔韌力量。「脆弱」的研究來自於休士頓大學的布芮尼・布朗教授，她長期關注個體的多種負面情緒，如自卑、內疚、羞辱或尷尬等進行深入探究，她發現這些情緒多來自於社會規範的制約，例如：因為自身條件不符合社會規範「成功」或「美麗」的定義而感到自卑等，點出個體情緒跟制度力規範層面的連結。重點是她認為「展現脆弱」不是「示弱」（當然，會有此聯想其實也是一種社會規範的判斷結果），而是一種勇敢，對絕大多數囿於社會規範而不敢示弱的人（認為示弱代表

失敗）來說，展現脆弱其實是個人心態的積極作為，代表一種冒險與試圖尋求信任，並渴望能產生人與人間的連結，因此布朗教授主張，脆弱其實是一種力量，代表著積極投入與全力以赴。恆毅力(grid)近年來也在心理與教養領域受到矚目，安琪拉・達克沃斯教授專注於探索恆毅力跟天賦、成功、能力的關係，以破解「天賦＝成功」或是「努力＝成功」等社會大眾單一連結的謬誤，主張恆毅力對個人成就的重要性；基於恆毅力與個人成就的高度關聯性，家長們也很關心如何培育出自己孩子的恆毅力。與此概念類似的另一概念是韌性(resilience)，特別強調在人碰到逆境或創傷時，情緒出眾的人，能夠以強大的心理素養將危機化為轉機。韌性是很多人都具備的特質，也可以透過訓練而養成，有趣的是逆境或創傷本身是使韌性得以發展與成長的重要機會[18]。以上三個概念凸顯了行動者能動性在情意面上的可能來源、培養途徑以及運用手法，與柔韌設計一樣，共同指出個體／行動者正向思考、轉換心念與持續不懈的重要性。

　　最後，管理者也能從本書內容得到回應制度阻力策略的靈感。本書提出五種借力使力的柔韌設計。「化阻為助」指出，當創新者充分理解阻力內涵時，便可反向操作為創新助力。「借力使力」指出，借用制度帶來的力量，設計槓桿支點以創造翻轉的力量，加速創新的採用。設置支點是關鍵，支點要靠近力量較強的一方，便能夠產生槓桿效應。若無法改變支點，就要加強己方的力道。「化勁卸力」指出，承擔制度施予的重壓，並由其重壓中找出機會點來卸除壓力。「借光投射」指出，創新者不懼制度

的光環，找出好的位置，反引之為投射的光源。「以小搏大」指出，反向思考己身的微小性，積累成為創新動能，改變意義（重構）、釐清名義（正當性）。多數創新者想到制度阻力就是滿腹怨言，要面對阻力更是件苦差事。要創新者平心靜氣地解決問題並不容易，更別提正面思考。本書提醒，創新者若能不只專注於制度力的限制面，而改變創新者看待制度力的角度，就可能找出翻盤的機會。

三、展望：順勢而為的智慧

本書闡述柔韌設計的做法，並且以五個教育界創新個案提出具體策略，但仍需思考四項研究限制。第一，本研究個案的選取雖具有理論代表性，但教育者不能直接套用其做法施展於自身的場域。實務工作者需從原則上思考，再轉化為具體做法來因應個別情境下的問題。未來研究可以探究更多的個案，歸納更完善的回應策略，以豐富柔韌設計的內涵。

第二，本書籌備期間較長，各個案搜集資料的時間點不一。雖然已盡力取得田野資料、訪談關鍵參與人員，但受限於個案當事人各種考量，未能覆蓋全面性資料。且資料搜集工作在個案實務發生之後，也有時間落差，本書僅能盡可能地搜集不同來源的資料，以進行三角驗證，提高資料之正確度。未來研究可以持續提升資料品質，增加資料的真實度。進一步，未來研究若可長期觀察研究對象搜集資料，使用行動研究介入田野現場，更可以深

入分析柔韌設計的策略。

　　第三，本書在制度力的解讀歸納上，以訪談與觀察現場老師的實務為主，從中分析制度力對其思維與行為之影響，力求真實度、可信度與批判度[19]，唯受限於研究資源，對於教育現場資料的搜集未必達到大量與完整，也無法做到「通則化」，亦是未來研究可再加強之處。

　　第四，本研究採取詮釋性方法解讀資料。質性研究強調的是聚焦在人們的主觀回應，重點不只在於客觀的事實，也在於主觀的經驗(subjective experience)[20]。此詮釋性方法可能產生的分析偏差是研究對象對於主題的看法有偏見，因人的知識、經驗、態度、意見和感受，會受到自身的身分和固有的認知所影響。這是詮釋型研究無法避免的特質，但未來研究如能進行更多理論與資料間的辯證，當可提出更精湛的想法。

　　最後闡述本書的結語。創新代表改變，與主張穩定的制度多半格格不入，且因創新弱小勢微，面對巨大的制度力多難以招架。就算奮力一搏，多半淪為流血革命的犧牲品，能勉力撐出兩造間形成對峙之勢，已是僥倖。當創新與制度有所對峙時，也代表著創新已經引起制度的注意，很可能更難容於制度，而變成「見光死」，可預期的是接續的鎮壓不斷，創新的存活則堪虞。不分中外，歷來政權的掌控者總是對持異議者予以打壓，對持新穎學說者試圖掌控。在教育界，對於跳脫規則者則施以校正措施，對不符規範者多賦予異樣眼光。在產業界，產業龍頭會壓制可能造成威脅的新苗，既有的技術標準會保護已經入場的業者，

排斥未遵守規範的新秀，這些都是制度施展力量的表現。

　　相對於向制度投降或反抗，柔韌設計提供創新者另一種思維。創新者對於制度力不是順從也不是反抗，如同金庸小說《倚天屠龍記》內《九陽真經》所載：「他強由他強，清風拂山崗，他橫由他橫，明月照大江。」創新者並非是順從制度要求去調整創新，那樣會犧牲到創新的價值，柔韌的創新者要「順從制度阻力」，並且趁勢借力，類似武林高手空手奪白刃般，將制度阻力化為創新的助力。

　　這種借力使力、以柔克剛的道理，用太極拳為譬喻更可理解其精髓。相對於強調使勁用力的外家拳在練拳時，為了「所向無敵」，練拳者用手臂去撞擊硬物，如樹幹或電線桿，讓手上的神經麻木。這樣鍛鍊確實可以練到讓練拳者手臂不怕痛的效果，但真的能持久地所向無敵嗎？太極拳的練習則是由鬆柔下手，由鬆入柔，運柔成剛，達到剛柔相濟的境界。當施展太極拳時，不是在單方面追求自己力量最強，而是要能同時與對方互動，保持自己的平衡，破壞別人的平衡。這樣既可化解對方來力，甚至借用來力使自己不被對方所壓制，又可反制對方的力道。太極推手的目的不是把人推倒，而是維持怎麼不讓人推倒，學習聽勁、懂勁、進而能用勁，達到化阻力為助力的妙法。這是四兩撥千斤的做法、以小搏大的反攻、以慢制快的策略、以柔克剛的思維、借力使力的招式、以靜制動的謀略，更是順勢而為的智慧。這種順勢而為的智慧，正是柔韌設計想要傳達的理念。

注釋

1. Drucker, P. 1998. The discipline of innovation. *Harvard Business Review*, 76(6): 149-157.

2. Teece, D. J. 1986. Profiting from technological innovation: Implications for integration, collaboration, licensing and public policy. *Research Policy*, 15(6): 285-305.

3. Dewar, R. D., and Dutton, J. E. 1986. The adoption of radical and incremental innovations: An empirical analysis. *Management Science*, 32(11): 1422-1433.

4. Van de Ven, A. H. 1986. Central problems in the management of innovation. *Management Sciences*, 32(5): 590-607. 原文為：「創新是人們在制度次序內，持續地與他人交易新構想的發展與實現。」(Innovation is defined as the development and implementation of new ideas by people who over time engage in transactions with others within an institutional order.)

5. D'Aunno, T., Succi, M. and Alexander, J. A. 2000. In the role of institutional and market forces in divergent organizational change, *Administrative Science Quarterly*, vol. 45(4): 679-703.

6. Hargadon, A. B. and Douglas, Y. 2001. When innovations meet institutions: Edison and the design of the electric light, *Administrative Science Quarterly*, vol. 46(3): 476-501.

7. Barley, S. R. and Tolbert, P. S. 1997. Institutionalization and structuration: Studying the links between action and institution. *Organization Studies*, 18: 93-117.

8. Scott, W. R. 2014. *Institutions and Organizations* (4th ed.). Los Angeles,

CA: Sage.

9. Lounsbury, M., and Glynn, M. A. 2001. Cultural entrepreneurship: Stories, legitimacy, and the acquisition of resources. *Strategic Management Journal*, 22(6-7), 545-564.

10. Oliver, C. 1991. Strategic responses to institutional processes. *Academy of Management Review*, 16(1), 145-179.

11. Latour, B. 1988. *The Pasteurization of France* (1nd ed.). Boston: Harvard University Press.

12. Reay, T., Golden-Biddle, K. and Germann, K. 2006. Legitimizing a new role: Small wins and microprocesses of change. *Academy of Management Journal*, 49(5): 977-998.

13. Pache, A., and Santos, F. 2013. Inside the hybrid organization: Selective coupling as a response to conflicting institutional logics. *Academy of Management Journal*, 56(4), 972-1001.

14. DiMaggio, P. J., and Powell, W. W. 1983. The iron cage revisited: Institutional isomorphism and collective rationality in organizational fields. *American Sociology Review*, 48: 147-160.

15. 「溫柔革命家」一詞出自於對教育家吳英長老師事蹟描述的一本書，此書為：王衛文，2016，《教室裡的溫柔革命家：吳英長》，臺北：天衛文化。

16. Tolbert, P. S. 1985. Institutional environment and resource dependence: Sources of administrative structure in institutions of higher education. *Administrative Science Quarterly*, 30(1): 1-13.

17. Raviola, E., and Norbäck, M. 2013. Bringing technology and meaning into institutional work: Making news at an Italian business newspaper.

Organization Studies, 34(8), 1171-1194. 這份研究報社針對媒體引進新科技後，新聞記者如何用舊科技的思維來理解新科技功能進而使用，探討行動者的反思性如何輔助柔韌設計的發展。

18. 有關脆弱、恆毅力與韌性的進一步了解，可閱讀：洪慧芳譯、布芮尼・布朗著，2013，《脆弱的力量》，臺北：馬可孛羅文化；洪慧芳譯、安琪拉・達克沃斯著，2016，《恆毅力》，臺北：天下雜誌股份有限公司；王榮輝譯、克莉絲蒂娜・伯恩特著，2015，《韌性：挺過挫折壓力，走出低潮逆境的神祕力量》，臺北：時報出版。

19. Golden-Biddle, K., and Locke, K. 1993. Appealing work: an Investigation of how ethnographic texts convince. *Organization Science*, 4: 595-616.

20. Klein, H. K., and Myers, M. D. 1999. A set of principles for conducting and evaluating interpretative field studies in information systems. *MIS Quarterly*, 23(1): 67-94.

　　本書為作者四年研究成果的整理，研究的目標在於補強既有理論之不足，釐清柔韌設計理論中，未被充分討論的「設計中的設計」（創新者如何用創新物件設計來回應制度力）。因此，本研究須建構出領域制度力的內涵與形式，分析創新物件的設計，及解讀出物件中的柔韌計謀等，這些需要透過大量的質性資料加以分析與解讀。由於這類型的資料，多隱含於創新者與行動者的心理，因此質性個案研究法是較適合的方法[1]，本研究也引用實務觀點[2]採集資料，探究創新者與使用者的行為實務與背後想法。以下分述五個案背景、選擇個案的理由、資料搜集與資料分析的做法，及本研究資料分析架構。

一、研究場域與個案選擇理由

　　本研究選擇臺灣小教到中教的教育場域，以下簡略回顧教育場域近年發展概況。

　　透過反覆講解、練習與測驗的「精熟學習」，數十年來我們的教育體系培養出了許多人才，也帶著臺灣走向經濟起飛的黃金年代；但隨著代工利潤的縮減以及各類新興產業的崛起，只有精熟學習，似乎不足以面對講求競爭與多能力整合的新世代。面對新環境與挑戰，我們需要用一套新的思維與方法，培養出未來需要的人才，與此對應的作為是「教育創新」。但是在教育領域中，創新卻最不容易突破制度力的壓制，歷次「教育改革」的效應均引發許多社會上多層面的討論，很可能是此原因。

　　回顧自1990年代以來，政府推動一波波的教育改革，回應解嚴後社會上各種求新求變的呼聲，並以修訂法令作為推動改革的基礎，改革的層面包括師資培育、課程架構、教科書編撰審定與升學方案等。其中最重要的改革在課程層面，1998年，教育部發布九年一貫課程綱要（社會上簡稱九年一貫），是臺灣教育史上幅度最大的課程變革，實施至今已二十餘年；2019年，十二年國民基本教育課程綱要總綱（社會上簡稱108課綱）上路，教改實施成效，至今仍未有定論。

　　教育改革或許暫時無法讓臺灣學生短期內脫離各種現況的限制（如標準化評量、考試文化、分數主義等），卻在不少老師的心中種下一顆種子：有沒有可能在讓學生保持一定成績水準的前提下，發展出不一樣的教學？不過，要讓這顆種子發芽茁壯並不是一件容易的事。雖然大家都能勾勒出一幅理想教育藍圖，但往往只停留在對結果的想像，比如「讓學生擁有思辨、解決問題的能力」，對於如何實現此一目標卻眾說紛紜。唯有在每日不停歇的教育現場第一線的學校，校長與教師是學校與課堂的帶領者與實踐者，他們持續戮力於各種教育作為，因此他們「如何」領導與教學才是實現教育創新理念的關鍵。

　　因此，本研究聚焦於教育現場跟學習者有直接互動關係的校長、老師、線上學習系統與鄉村教育組織，研究者選擇的五個案分別是：溫老師備課Party、均一教育平台、陳清圳校長（於華南國小時期）、花蓮高工美術科黃兆伸老師與花蓮五味屋，個案範圍不限於創新者個人，例如：「溫老師備課Party」不只是溫

美玉老師，還包含其帶動成立的線上備課社群、開發的教學輔具與其團隊內其他老師的作為。每一個案並且對應特定學習科目為範圍，例如：溫老師備課Party為語文科教學，均一平台為數學科線上學習等，一方面凸顯個案教學科目特色，另方面也避免混雜各學科的專科知識脈絡以及相對應的不同教學方法，而在討論上難以聚焦。這五個案所涵蓋的教育層級與創新盡可能多元，如下表9-1。

表 9-1：個案特性一覽表

案例名稱	對應科目或領域	教育層級或屬性	創新
溫老師備課Party	語文	小教	教師社群 教學輔具
均一教育平台	數學	小教到中教	線上學習系統
陳清圳校長於華南國小服務期間	自然	小教	社區營造 課程設計
黃兆伸老師美術課	美術	技職	跨領域課程
豐田五味屋	輔導	鄉村	生活即教育

　　本研究選擇五個案有三個綜合性的理由：首先，個案均符合教育創新的要件，具新穎性與創造價值。在新穎性與價值的判斷上，本研究參考近年來教育類與教育創新獎項甄選結果，包含：教育部或民間團體頒發的教學績優獎項、親子天下教育創新100、GHF教育創新學人獎[3] 等資訊。溫美玉老師、陳清圳校長

與五味屋，除了因其事蹟在教育圈負有盛名之外，都曾入選過親子天下教育創新100以及GHF教育創新學人獎；在高職奮戰的黃兆伸老師除了在其專業美術領域的獲獎無數，也獲得多項教育與創新的獎項與肯定，如：教育部藝術教育貢獻「教學傑出獎」、高中職組「創新教學卓越獎」教師個人獎等；均一教育平台以大量豐富的學習內容與為數眾多的註冊使用者[4]，是臺灣最大的線上教育平台，也是第一個獲得Google.org 100萬美元贊助的非營利組織。

其次，個案在教學現場所施展的作為，均有創新人造物件的輔助。例如：溫老師研發五卡一板，五卡包含情緒卡、性格卡、人物行動卡、我的觀點卡、六星寫作卡，一板指讀寫板，溫老師的教學實務與備課社群中教學案例的傳播，跟五卡一板息息相關。均一教育平台上的技能進展系統、差異化任務指派與多元回饋評量，更是線上學習系統重要的物件。陳清圳校長推動的醫療站、黃兆伸老師的師生互動平台與五味屋的二手物件等，都在個案創新實踐中擔任輔助角色。

最後，個案的人造物件都在教學創新上發揮重要功能，特別是對於回應制度力有特別的設計。例如：五卡一板在溫老師教學實務與教學案例中，設計的重點是打破師生互動結構的制約力；備課Party的教學案例因為其誘發教師同質性的設計，而能在小學教師群中被廣泛採用。均一平台多元回饋評量中用能量點數、徽章，將學生無形的投入具體化，而能帶來學生的成就感與學習動機。黃兆伸老師的跨領域（美術與主科）教案，不止於培養學

生統整知識的能力，背後還有跟主科借光（注意力）的計謀，來回應學生家長偏重主科升學的制約現況。

二、資料搜集

本研究採用人員訪談法與觀察法搜集初級資料，輔以次級資料，以迭代式(iteration)原則主導資料搜集，亦即在資料搜集同時進行資料分析，以浮現研究主題，再根據浮現主題進行下階段的資料搜集。為期四年餘，分為三階段：

第一階段自2016年9月至2017年6月。研究初期重心在探索教育場域的創新風貌，發掘教育創新的代表個案。於此期間研究者曾以學者專家身分參與教育創新學人獎的審查活動，閱讀多筆教育創新個案資料，探索教育創新的內涵與定義。研究者對應文獻後，收斂個案選取原則為具備教育的新穎性(novelty)，例如：個案的教學與一般老師的教學法有顯著差異；以及能夠解決現場問題、創造價值(value)，例如：個案的作為扭轉廢校命運，線上學習系統有效縮短城鄉學生在學習資源上的差距等，並且初步選取個案名單。

第二階段自2017年7月至2018年12月。研究者以研究人員身分與個案接觸，建立研究關係，取得其同意展開資料搜集，此階段有兩個資料搜集的重點：其一在於解讀制度力，透過訪談一般老師、家長與學生，建構出行動者受到制度力影響的情形。重點之二在梳理各個案的教學現場實務，主要透過訪談各個案的創新

者與相關人員，唯各個案因人員工作繁忙、頻繁約訪不易，因此作者也會邀請個案關鍵人物到校演講，以演講內容為基底，再運用互動時段請教有疑問之處，用此方式協助搜集資料。研究者也運用進班觀課方式，觀察記錄個案的真實教學流程與創新物件使用情形，共完成60場訪談與30場觀察記錄。表9-2呈現出訪談與觀察活動的總覽。

　　五個案中，五味屋團隊在作者進行研究邀約時，五味屋回覆當時正在進行四所大學的研究合作，以書面回覆婉拒本案邀約。因五味屋參與的每個學術合作案，均需要與研究者仔細溝通，確認研究案的進行及產出同時符合社區需要或當務之急，同時必須轉化為五味屋運作的一部分，才會著手進行合作，而非「配合」研究者進行研究；五味屋當時亦表示，本案提案內容若要達到上述準則，將非常耗時、不符合社會福利單位人力資源分配原則，也同時為此類研究的倫理底線——不是「被研究者」所需，最終因既有工作已十分繁忙而婉拒本案，所以本書作者未能搜集到初級資料。雖然五味屋婉拒本案，但作者認為豐田五味屋案例在臺灣的創新教育扮有非常關鍵的角色，因此仍持續自行研究，改以次級資料為主完成了初稿，再將初稿提供五味屋團隊、徵求其同意。五味屋收到稿件後，並不認同這樣的做法，且提出質疑「為何未經同意仍執意撰寫？」再者，協助修改將耗費五味屋團隊很多人力，有違社區原意、成為社區負擔。所幸作者多次誠意地溝通後，在顧瑜君老師與吳明鴻先生撥空給予初稿寶貴意見並協助修正改寫，多次大幅修改，終得以完成。

表 9-2：訪談與觀察總覽表（2017.7-2018.12）

構面	類別	訪談對象	訪談綱要
制度	人員訪談	小教到中教各科老師（含實習老師、代理老師與正式老師身分）共15場	小教到中教各科教學準備的情形。 小教到中教各科教學實行的情形。 小教到中教各科教學所遇到的問題與解決方法。
		小教到中教校長與行政主管共5場	在服務學校內，對各科教學準備與實行的相關行政措施與做法。
		小教到中教學生家長共5場	對於教師教學的觀察。 學生回家後所反映各科學習狀況。
		小教到中教學生共5場	對於各科教學的反應。 在學校各科學習、在校外預習與複習的概況。
	實地觀察	小教到中教教學班級共20場	實施流程與師生互動實務。
創新	人員訪談	創新者（四個案的主要人物）共20場	教學或辦學實務，含教學準備、設計與實行情形。 創新物件的設計原因與發展情形。
		相關人員（個案相關人員，如重要參與者或使用者等）共10場	創新物件的使用回饋。 使用者的使用物件行為。
	實地觀察	個案所在場域的各項活動（如國小班級的教學或活動）共10場	場域的脈絡。 創新物件使用情形。 師生互動情形。
合計		訪談場數：60場次	觀察場數：30場次

　　在除五味屋外之四個案資料搜集過程中，皆使用相同的訪談提綱，再依據各個案的脈絡設計若干有差異的訪談問題。共同性的訪談問題分為兩個主軸：首先是制度部分，本書依據制度三元素──法規、規範與認知[5] 來搜集資料，除了具體的法規內容，更重要的是行動者如何理解與遵循法規所設定的範圍；在規範部分，除了有形的條文、守則等，更需要探求行動者共同遵循、互相模仿，以及若不遵循者會承受到壓力的部分是什麼；在認知部分，則是設法了解行動者行動上受到約束的部分，以及探索出他們集體在思考上有哪些慣性等。

　　創新部分，除了探索個案的行為實務，例如：教學的流程、如何運用教學資源、教學者跟學生使用的指示語等，與一般的辦校或教學實務有何差異之外，也特別留意個案實務過程中出現的背景脈絡與人造物件。研究者除了追究有哪些物件出現，對於何時、何處、如何與效果(when, where, how, what effect)等資訊特別留心，包括物件出現於何時何地、所扮演的角色、帶動使用流程與產生效果（從使用者角度下手）等，都是資料搜集的重心。同時，研究者對現場出現各式物件會拍照存檔，進一步分析其部件與設計細節。

　　第三階段自2019年1月至2020年12月。研究者將各個案整理為初稿，釐清待搜集資料並補充完成，以及搜集各個案次級資料，補充內容與協助資料三角檢證。次級資料的搜集方向有二，其一是與制度有關的文件，如法規法條辦法等，其二是與個案有關的資料，由於個案皆為社會知名人士或組織，其公開的採訪、

演講（若為影音資料皆轉為文字檔案，以利分析），或是部分個案自撰專書等，都在搜集範圍內。在此期間研究者以學者專家身分主辦「教育價值結構的翻轉」主題徵文方式[6]，探討制度中的文化認知力量內涵，補充制度力內涵。表9-3列出文件資料的概要。

表9-3：文件資料總覽表

分類	形式	則數	明細或說明
法令、規章	原始文件	16	教育部頒布各項課程及教學相關規章，如：九年一貫課程總綱、國語文課綱970505、國語文課綱1000406、中華民國教師專業標準指引、全國教師自律公約、教師專業發展評鑑教學檔案評量表、中華民國教育報告書、107年國中教育會考寫作測驗評分規準等等。
計畫研究報告	原始文件	5	學者專家接受教育部委託研究計畫的結案報告，如：國民小學教科書審定委員專業知能之研究。
個案演講	轉為逐字稿	20	個案接受外部團體邀約演講的影片。
個案報導或自撰文章	原始文件	55	個案接受媒體報導，或是自撰文章於媒體上刊登。
個案著作	書籍	10	個案自撰書籍。
其他教學現場有關著作	書籍	6	探討教學現場的各種書籍。
電子媒體報導（影像與廣播）	轉為逐字稿	12	個案接受電子媒體採訪的影片檔或錄音檔。

分類	形式	則數	明細或說明
教學現場教材、教具	照片	30	一般課堂與個案課堂的相關教材、使用輔具、教室布置等。
教案	文字加圖片	100	個案發展出的各種教案，如溫老師備課Party上的教學案例、均一平台的教學內容等。
教科書	原始文件	24	南一國語與數學（民94）第一到第十二冊。
合計數量			278

三、資料分析

　　研究者進行資料分析前以三角驗證法(triangulation)提升資料品質，做法如下：首先，為降低研究人員現場訪談或觀察時可能有的偏誤或遺漏，用錄音檔案和錄影檔案與研究人員據此轉出的文字紀錄交叉比對（資料三角驗證），再請訪談對象協助確認文字紀錄內容正確度（調查者三角驗證），修正可能錯誤。其次，在資料分析編碼過程中，由兩位（含）以上研究人員針對編碼內容確認其一致性，若有出入則討論到有共識為止。最後，本書個案初稿完成後，也傳給個案請其協助在個案內容、用語與觀點的確認與澄清，以提升真實性。

　　在分析資料上，本研究採取實務觀點，所謂「實務」(practice)是「一組經過組織的行動組合，來自於實際與一般性

的理解」(an organized constellation of actions which is informed by practical and general understandings)[7]，著重於「發生什麼事、事情中有誰參與以及事情是如何進行」(what, who and how)。實務觀點運用在制度理論的研究已有許多前例，這些研究共同關心由人們行動、詮釋、關係與策略所組成的制度微動態(microdynamics)[8]。本研究參考喬亞(D. A. Gioia)等學者資料分析的做法[9]，用扎根理論為基礎的歸納途徑(inductive approach)[10]，此稱為兩層級分析法，為質性研究三大途徑之一，據此發展出客製化的資料分析途徑[11]，說明如下。

　　首先，從教育現場工作者的既有實務釐清出制度力。本研究指稱之制度力，著重於一般教師、校長、主任與家長等行動實務，了解制度力的存在與其影響。本研究先從表9-2制度面的訪談與觀察資料，勾勒出「既有實務」的輪廓，著重於實務的「什麼與如何」(what and how)，也就是發生什麼事、如何發生等，輔以表9-3的法令規章等大量文本資料，如：能力指標、教學手冊等，釐清「制度力」的內涵，再串聯前述之既有實務，建構出既有實務的「為何」(why)，分析上著重於制度力對於行動者選項的範圍設定與其採取行動時造成的壓力，在制度力的呈現上，以制度三元素——法規、規範與認知來分別表述。

　　第二，建構創新教學實務。本研究透過表9-2創新面的訪談與觀察資料，以教學單元為單位，教學流程與使用資源為主軸，勾勒出「個案實務」的輪廓，也是著重於實務的「什麼與如何」(what and how)，亦即發生什麼事、如何發生等，再輔以表9-3與

個案有關的次級資料，補充為個案實務的內涵。本研究採取三角檢驗法，由初級資料（訪談或觀察）比對次級資料（教學案例或文本）釐清教學細節，以及從使用者（行動者）角度所理解創新物件設計特質。

　　第三，解讀人造物的柔韌設計謀略。本研究分析個案中人造物件的柔韌設計，有兩個分析重點：其一，釐清「設計機制」，對比既有實務中的制度力與新實務中隱含的助力或資源，找出創新與制度間的轉化機制；其二，由新實務（教學實務、物件引發的新學習實務等）中，釐清行動者（如教學者與學習者）、阻力與助力等三者，與人造物件設計上的關聯，以釐清設計所產生的效果。由於本書五個案的資料分析內容繁多，僅以下表9-4呈現出個案一溫老師備課Party（本書第3章）資料分析文件的節錄。

表9-4：資料分析節錄

事例舉證 （來自觀察記錄、訪談記錄或敘事）	第一級概念 （以被觀察者或受訪者視角與用語為主）	第二級主軸 （以研究者視角與用語為主）	聚合的面向
師：「在第一幕中，你們發現了什麼『情緒』？哪些角色有了那樣的『情緒』？為什麼你會這麼認為？」 學生願意挑出一張卡片，說出課本人物的心情，甚至舉出卡片上沒有的情緒，讓描述更加精準或完整。 生：「『豬八戒』很『無奈』，因為他說『難怪那麼熱，別說世人了，連整個地表都快融化了呢！』」 （觀-1061211-南附小）	情緒卡引導學生自主描述情緒，並且引用證據說明自己觀點。	人造物件牽動師生互動，達到讓學生學習情緒用語的效果。	學生從旁觀者轉換為參與者，化解因規範形成的師生互動結構制約。
師：「了解他們的情緒後，你們發現了他們有什麼『性格』？哪些角色有了那樣的『性格』？為什麼你會這麼認為？」 孩子們根據課文，從性格卡中找出符合角色的性格。 生甲：「我覺得孫悟空是『膽大』的，因為遇到困難他會跑第一。」 生乙「我覺得豬八戒是『率真』的，因為他一點都沒有心機。」 （觀-1061211-南附小）	透過情緒卡的引導，學生們對於角色性格有跡可循，再配合性格卡，就能讓學習者根據課文，找出符合角色的性格。	人造物件之間有關聯，效果一層接一層，達到認識性格與更深入理解文本的學習目標。	

　　總結而言，本研究從既有實務（一般的辦校、教學與學習實務）中，行動者受到制度力影響的內容與範圍解讀出制度力，並且依照制度三元素(RNC)分別歸類；從個案創新實務中分析人造物件設計的功能與形式，以及解讀出物件裡的設計，如何對行動者產出效果，將阻力化為助力，進而達成創新者的實踐（新實務）。

注釋

1. 本書個案的研究方法參考脈絡學派與質性個案研究的做法，更多資訊請參考：Pettigrew, A. M. 1987. Context and action in the transformation of the firm. *Journal of Management Studies*, 24(6): 649-670. 與Sutton, R. I., and Hargadon, A. B. 1996. Brainstorming groups in context: Effectiveness in a product design firm. *Administrative Science Quarterly*, 41(4): 685-718.

2. 實務理論觀點請參考：Feldman, M. S., and Orlikowski, W. J. 2011. Theorizing practice and practicing theory. *Organization Science*, 22(5): 1240-1253.

3.「GHF教育創新學人獎」，是溫世仁文教基金會和看見臺灣基金會與政大共同合作的「GHFxEdu全球教育創新樞紐實驗計畫」下的一項活動，由吳思華教授擔任計畫總主持人。

4. 根據2021年7月均一平台網站，註冊使用者約為330萬餘位，練習題總數7萬多則，影片3萬餘支。有興趣者可上網站查閱最新數據，網址為：https://www.junyiacademy.org/statistics。

5. Scott, W. R. 2014. *Institutions and Organizations* (4th ed.). California: Sage.

6. 此公開徵文活動為前述「GHFxEdu全球教育創新樞紐實驗計畫」之

一，八篇徵文刊登於溫世仁文教基金會網站，網址為：https://www.
saylingwen.org/xmdoc?xsmsid=0J115505983512651539。

7. 原文出自於：Schatzki, T. R. 2002. *The Site of the Social: A Philosophical
Account of the Constitution of Social Life and Change.* University Park,
PA: Penn State University Press. 作者引自於：Smets, M., Aristidou, A.,
and Whittington, R. 2017. Towards a practice-driven institutionalism. In
R. Greenwood, C. Oliver, T. B. Lawrence and R. E. Meyer (Eds.), *The
SAGE Handbook of Organizational Institutionalism,* pp. 365-391. London,
England: SAGE.

8. 關注制度微動態的研究作品很多，在此舉兩例：Zilber, T. B. 2002.
Institutionalization as an interplay between actions, meanings, and actors:
The case of a rape crisis center in Israel. *Academy of Management Journal*,
45(2): 234-254. 與Munir, K. A., and Phillips, N. 2005. The birth of the
"Kodak moment": Institutional entrepreneurship and the adoption of new
technology. *Organization Studies*, 26(11): 1665-1687.

9. 相關資料分析的做法可進一步參考這兩篇文章：Corley, K. G., and
Gioia, D. A. 2004. Identity ambiguity and change in the wake of a corporate
spin-off. *Administrative Science Quarterly*, 49(2): 173-208. 與Gioia, D.
A., Corley, K. G., and Hamilton, A. L. 2012. Seeking Qualitative Rigor
in Inductive Research: Notes on the Gioia Methodology. *Organizational
Research Methods*, 16 (1): 15-31.

10. Locke, K. D. 2003. *Grounded Theory in Management Research*. London:
Sage.

11. Gehman, J., Glaser, V. L., Eisenhardt, K. M., Gioia, D., Langley, A., and
Corley, K. G. 2017. Finding theory-method fit: A comparison of three

qualitative approaches to theory building. *Journal of Management Inquiry*, 27(3): 284-300.

國家圖書館出版品預行編目資料

柔韌設計：跨越制約的教育創新法則 / 陳蕙芬
著. ――初版. ――臺北市：五南圖書出版股
份有限公司, 2022.08
　面；　公分
ISBN 978-626-317-987-5 (平裝)
1.CST: 教育 2.CST: 文集
520.7　　　　　　　　　111009558

1F4A

柔韌設計：
跨越制約的教育創新法則

作　　　者 ― 陳蕙芬

責任編輯 ― 唐　筠

文字校對 ― 許馨尹　黃志誠

內文排版 ― 張淑貞

封面設計 ― 何鴻境

發 行 人 ― 楊榮川

總 經 理 ― 楊士清

總 編 輯 ― 楊秀麗

書系策劃 ― 蕭瑞麟

副總編輯 ― 張毓芬

出 版 者 ― 五南圖書出版股份有限公司

地　　　址：106臺北市大安區和平東路二段339號4樓

電　　　話：(02)2705-5066　傳　　真：(02)2706-6100

網　　　址：https://www.wunan.com.tw

電子郵件：wunan@wunan.com.tw

劃撥帳號：01068953

戶　　　名：五南圖書出版股份有限公司

法律顧問　林勝安律師事務所　林勝安律師

出版日期　2022年8月初版一刷

定　　　價　新臺幣520元

科技部人文社會科學研究中心
Research Institute for the Humanities and Social Sciences, Ministry of Science and Technology

本著作獲科技部人文社會科學研究中心補助出版